Research on the Differences and Improvement Strategies of
Customer Satisfaction with Consumption Experience
in Theme Restaurants under Localization Scenarios

在地化场景下主题餐厅
顾客消费体验满意度差异
及提升策略研究

李婷 张灿 ◎ 著

中国财经出版传媒集团

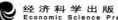

经济科学出版社
Economic Science Press

·北 京·

图书在版编目（CIP）数据

在地化场景下主题餐厅顾客消费体验满意度差异及提升策略研究／李婷，张灿著．--北京：经济科学出版社，2025.2． -- ISBN 978 - 7 - 5218 - 6562 - 2

Ⅰ. F719. 3

中国国家版本馆 CIP 数据核字第 20245GD047 号

责任编辑：胡成洁
责任校对：王肖楠
责任印制：范　艳

在地化场景下主题餐厅顾客消费体验满意度差异及提升策略研究

ZAI DIHUA CHANGJINGXIA ZHUTI CANTING GUKE XIAOFEI TIYAN MANYIDU
CHAYI JI TISHENG CELÜE YANJIU

李　婷　张　灿　著

经济科学出版社出版、发行　新华书店经销

社址：北京市海淀区阜成路甲 28 号　邮编：100142

编辑部电话：010 - 88191335　发行部电话：010 - 88191522

网址：www. esp. com. cn

电子邮箱：espcxy@ 126. com

天猫网店：经济科学出版社旗舰店

网址：http：//jjkxcbs. tmall. com

北京季蜂印刷有限公司印装

710 × 1000　16 开　12 印张　200000 字

2025 年 2 月第 1 版　2025 年 2 月第 1 次印刷

ISBN 978 - 7 - 5218 - 6562 - 2　定价：68.00 元

（图书出现印装问题，本社负责调换。电话：010 - 88191545）

（版权所有　侵权必究　打击盗版　举报热线：010 - 88191661

QQ：2242791300　营销中心电话：010 - 88191537

电子邮箱：dbts@ esp. com. cn）

　　本书是国家社科基金项目"西部山地农业品牌生态圈价值共创机制研究（项目编号：24XJY037）"、云南省服务计算重点实验室项目"数智赋能云南文旅市场精准分析与智能决策新模式"（项目编号：YNSC23121）、云南财经大学"三张牌"专项项目"云南省高原特色农产品区域公用品牌的治理研究"（项目编号：2022Z01）阶段性研究成果

序

言

    主题餐厅的竞争优势源于开发独树一帜的精品菜式、深挖主题文化内涵，以及根据主题特色营造文化线索明晰的餐饮环境。正是基于竞争优势的正向牵引，越来越多的顾客在外出就餐时日益青睐主题餐厅。学界对主题餐厅的研究多集中于主题餐厅核心竞争力以及如何通过其核心竞争力提升顾客满意度，鲜有从消费体验视角来关注顾客满意度的相关研究，而从在地化场景下顾客体验视角切入的相关研究则更为匮乏，既有研究主要是基于特定文化背景下的案例研究；同时，传统的研究方法（如问卷调查和访谈）在跨文化研究中存在量少、时空跨度不够等限制因素，难以较为精准地把握全球顾客服务体验满意度方面的现实或潜在诉求。正是基于上述背景，本书将文化距离理论引入对消费体验的研究，根据对世界顾客在在线旅行社网站消费评论数据的搜集，通过数据清洗与整理，结合相关性分析、回归分析等方法，探索了文化距离调节下跨文化主题餐厅顾客消费体验与满意度之间的关联，旨在为在地化场景下主题餐厅顾客满意度提升的相关决策提供理论支撑或对策建议。

    本书立足于消费体验、文化距离等理论，以主题餐厅顾客满意度为研究对象，客源涵盖亚洲、欧洲、美洲、大洋洲。探索在地化场景下主题餐厅顾客消费体验的满意度差异，进而提出服务改进思路以有效提升顾客满意度。

本书的结构安排如下。

首先，通过理论推演阐释了主题餐厅消费体验对顾客行为的作用机制，进而提出了相关研究假设。主题餐厅的顾客消费体验由认知体验与情感体验组成，认知体验涵盖服务、价格、菜品、便利性和主题五个维度，情感体验包括积极情绪、中性情绪和消极情绪三个类型。顾客体验影响顾客满意度，进而正向或负向激励顾客参与行为，而文化距离在顾客体验与满意度之间起着调节作用。

其次，基于网络评论大数据甄别不同文化背景顾客的消费体验差异。来自不同国家或地区的顾客因文化背景不一致引致个人的消费体验不同。个人的认知体验与情感体验之间的关系因文化背景差异而不同，且在不同的文化影响下，消费体验会引起不同的情绪状态，文化背景的差异进一步加深了全球顾客消费体验的差异。不同文化背景的顾客在认知体验构成方面的差异较大，中国顾客的认知体验和亚洲（中国除外）顾客的认知体验相似度较高，与美洲、欧洲顾客的认知体验存在一定相似性，但存在不可忽视的差异性；从情感体验来看，相较于其他国家或地区，中国顾客的积极情感体验占比较高；而相较于其他国家或地区，美洲顾客的消极情感体验占比较高。

再次，根据霍夫斯塔德（Hofstede）的跨文化理论，探析顾客消费体验与文化维度之间的逻辑关联性，阐释不同文化背景顾客对主题餐厅消费体验差异产生的机理，通过网络数据文本采集进行变量测量，以检验顾客满意度与消费体验关系以及文化距离的调节作用，得出如下研究结论：一是主题餐厅的顾客消费体验与满意度正相关，认知体验的五个维度与满意度的相关性由高到低依次是主题、餐饮、服务、便利性、价格；二是文化距离对顾客消费体验和满意度之间存在负向调节作用，即文化距离越大，顾客对主题餐厅的绩效评价标准的一致性越弱，顾客消费体验对满意度的积极作用越小。

最后，基于实证结果，从主题特色、价格定位、餐饮质量、服务水平和餐厅选址几个维度提出了基于不同文化背景的主题餐厅顾客消费体验提升的思路性对策或建议。值得一提的是，不同文化距离的顾客满意度提升对策也有所差异，主题餐厅顾客满意度提升的一般途径主要涵盖用餐便利性、价格公平、餐饮质量和服务水平等感官刺激因素，在地化场景下主题餐厅顾客满意度提升的核心在于主题餐厅风格选取、氛围营造和主题的想象因素等。

目　　录

第1章

绪　　论

1.1　研究背景与意义

当今世界呈现出经济全球化、社会网络化、政治多极化、文化多元化的大趋势，在此背景下，从有界餐饮到无界餐饮成为餐饮行业的变化趋势之一。在此语境下，主题餐厅如何拓宽国际视野，针对不同的文化背景进行市场细分、识别潜在顾客，以更好地赓续稳健经营的态势，已经成为业界思考并着力解决的问题之一。文化背景是个人成长的精神和物质环境，"背景"通常对处于特定文化情境中的个体的能力、态度、信仰和行为造成一些限制，其差异性影响着人们的身心发展、个性形成、思维模式冲突以及行为选择，因此，深入了解不同文化背景下顾客的消费体验、情感和行为是餐饮行业在复杂动态的市场环境中精准识别顾客、有效提升经营业绩的重要考量因素之一。

如今，针对细分市场进行需求分析并提出有针对性的市场营销策略，已成为经济新常态下应对文化差异挑战的研究难题。长期以来，管理理论没有对主题餐厅中外顾客异质性问题给予足够重视。以往学者在研究主题餐厅时，对顾客的社会文化背景和文化背景差异对体验、情感和消费行为的影响机制没有给予足够重视。基于此，本书将从全新视角解析在地化背景下主题餐厅顾客体验的构成、差异和形成差异的原因，深入讨论文化差异对顾客体验和顾客满意度之间关系的调节作用。

1.1.1 研究背景

1.1.1.1 供给变化：文化产品需要提高人们的获得感

习近平同志在 2018 年全国宣传思想工作会议上提出，要以高质量文化供给增强人们的文化获得感、幸福感。[①] 文化获得感是一种主观感受，取决于特定人群基于价值观的体验与情绪态度，受到人们在感受文化服务过程中的环境、质量等因素影响。许多提供文化服务的厂商都致力于提高顾客的获得感，从而提高顾客满意度。然而，获得感的测量因个体感受差异大、变化多而难度极高。

一些将文化服务与特定产品相结合的产业在对顾客获得感进行判断时，既要考虑产品本身的质量，又要涵盖文化氛围的评估。主题餐厅就是一种将主题文化与餐饮服务相结合的创新餐饮模式。一方面，文化要素的加入为主题餐厅提供了新的吸引力，有助于餐厅在细分市场中获得竞争优势；另一方面，餐饮产品作为主题文化的载体，为地方文化赋予了新的生命力。

如今，主题餐厅已成为游客体验地方美食与了解特色文化的重要渠道。随着国内外游客数量的迅速增长，餐厅不仅可以把顾客群体细分为家庭聚餐、商务宴请、朋友聚会或是个人用餐，也可以将跨文化背景顾客对主题餐厅的认知和偏好作为进一步细分市场的标准。主题餐厅经营者有必要正确理解目标市场消费者行为及对其行为产生影响的因素，从而有效制定营销战略。然而，在当前的市场竞争中，主题餐厅在跨文化背景下对国内外顾客群体的细分遇到了巨大的挑战。

首先，餐饮商户在吸引顾客，特别是年轻一代顾客这个任务上面临着新的挑战。顾客需求难以把握，且偏好不稳定，导致餐厅获客能力不足，这个问题已经成为餐饮行业的经营痛点。因此，提升餐饮商户品牌形象和市场竞争力，促进餐饮行业供给侧改革，丰富供给内容，协同推进文化主题餐厅发展及创新，提供更加定制化的产品和服务，与终端顾客无限贴近从而敏锐感

---

① 习近平总书记在全国宣传思想工作会议上的讲话摘录［J］. 文艺生活（艺术中国），2023（11）：4.

受顾客需求变化，有效满足顾客多元化、多样化的餐饮服务需求对餐饮行业发展至关重要。

其次，全球化的发展使得主题餐厅的顾客中存在大量境外游客，因此，主题餐厅需要识别跨文化语境下的游客需求。在传统问卷调查或是访谈中，被调查者在填写问卷时可能因为各种原因（保护隐私、缺乏信任、外部环境干扰、赶时间、缺乏耐心等）没有如实回答问题。受到时间和空间的限制，问卷和访谈无法收集足够的数据来弥补顾客观点的局限性。因为在线网站能够储存和显示更长时间的顾客评论，并且评论的顾客来自不同的国家，顾客在发表评论的时候更倾向于表达真实的看法，故而借助对顾客的海量在线评论进行分析可以得到更加真实、丰富、客观和多元的有效信息，为决策者提供更科学的决策依据。这是传统问卷调查或是访谈做不到的，故而在线评论成为学者研究顾客满意度、顾客消费体验的全新数据来源。①

最后，许多服务平台留下了顾客消费的足迹，相关数据可以有效为服务提供商提供支持。大数据分析是更新的先进技术，用于收集、处理和可视化大量数据以生成描述性，预测性和规范性见解，并支持组织中的决策制定。②在当今快速发展的数字经济中，大数据分析具有增强顾客体验管理的巨大潜力，它可以帮助组织更好、更快地了解顾客消费时的心理，制定改善顾客体验的决策。数字时代的公司和技术巨头，如 Facebook、Apple、Amazon、Netflix 和 Google，率先将大数据分析运用于顾客感受管理。主题餐厅管理者也可以从数据中获取业务价值，并为数据驱动的服务提供有意义的见解。

1.1.1.2 需求变化：顾客对文化主题餐厅的青睐

近年来，中国餐饮行业发展迅速，以可持续、惠民生为目标，在扩大内需、助力经济发展、促进创业和提供就业岗位等方面扮演着重要的角色。2018 年国家统计局发布的数据显示，当年中国餐饮收入初次突破 4 万亿元，同比增长 9.5%，增加到 42 716 亿元。餐饮收入占社会消费品零售总额的比

---

① 刘逸，保继刚，朱毅玲. 基于大数据的旅游目的地情感评价方法探究 [J]. 地理研究，2017，36（6）：1091 - 1105.

② Mortenson M J, Doherty N F, Robinson S. Operational research from Taylorism to Terabytes: A research agenda for the analytics age [J]. European Journal of Operational Research, 2015, 241 (3): 583 - 595.

重从 2017 年的 10.8% 升至 11.2%，餐饮行业成为中国增强发展内生动力的重要驱动力。美国著名管理学家雷恩西斯·里克特曾说，如果把餐厅开门营业视为其生命的诞生，那么培育独树一帜的经营特色则是餐厅的羽化和升华。美团公司发起的 2019 年用户问卷调查结果显示，美团餐饮商户普遍认为，菜肴的口感、健康安全的食材、体贴入微的服务是餐厅在保持优势且赢得竞争的三个决定性因素。传统的顾客在餐厅消费时比较关注食物本身，随着时代发展，更多的顾客开始看重在餐厅消费时能否带来特别的感受，这种感受就是顾客的体验，特别是近年来年轻一代顾客的消费偏好逐渐发生变化，他们越来越注重尝鲜、感官至上、社交等因素。

设计是赋予餐厅特色的重要途径。餐厅的主题是文化的外在体现，文化是主题的内涵和根基。正是因为有了文化作为支撑，餐厅才具备了独特的个性，从而可以吸引特定目标顾客前来消费，形成独具一格的商业卖点。餐厅的主题内容必须能够打动顾客，同时在环境布置与装饰上做到与众不同，为客人提供风格独特的服务和菜肴，风格鲜明的主题使得餐厅免于参与无谓的市场竞争。

有学者认为产品或服务为顾客提供满足感会带来愉悦感，人们常常根据经历的情感反应来对对象进行判断（Schwarz et al.，1983）。情感反应引导顾客对他/她在餐厅的整体用餐体验进行特定的认知评估，顾客由情感引导而形成的判断成为顾客满意度形成的原因。因此，主题餐厅管理者的首要目标就是为顾客创造愉悦的感觉。

本书基于主题餐厅在线评论，利用海量评论数据评估顾客获得感及顾客对主题餐厅的个性化需求，并对文本大数据进行解构和分析，引入文化背景作为调节变量，深入研究不同文化背景的顾客在主题餐厅的消费体验存在何种差异，对消费体验进行解构并且对不同维度进行评估。本书的研究成果有助于主题餐厅管理者更精准高效地针对顾客的消费体验维度进行市场细分，对主题餐厅产品进行更加精准的定位和设计，从而显著提高顾客满意度、忠诚度和餐厅的口碑。

随着体验经济时代的到来，消费升级成为中国餐饮业供给侧改革的新方向，其实质是品质升级和改善顾客的体验。从文化的视角来审视，餐饮业就是饮食文化的载体。发掘文化内涵、深挖一蔬一饭背后的人文意蕴和美学内涵，用独特的文化特质吸引顾客，从而达到传递文化意义的目的。在传统的餐饮行业中引入历史、民族、文创、虚拟等主题，别出心裁，形成独特的品牌气质，引起顾客的情感共鸣，从而形成社群。餐饮与文化相互成全，餐饮作为文化载体，能够起到扩大文化影响力的积极作用，而文化内涵则为餐饮企业参与市场竞争注入生机与底气。在国家文化创新发展战略实施的语境中，本书拟以在地化场景下我国主题餐厅顾客体验为研究对象，探讨不同文化背景顾客在主题餐厅中消费体验的差异及原因，为这一问题提供系统解读。

本书试图解决如下问题。

问题一：不同文化背景的主题餐厅顾客体验（认知和情感）的构成是怎样的？不同文化背景的顾客认知体验和情感体验具有什么特征？这些特征是不是具有相似性或差异性？

顾客的行为和最终购买决策往往受到消费体验的正向或是负向激励。以往学者们并未对顾客消费体验进行解构，将消费体验当成一个完整的研究变量来开展研究，试图定义顾客体验与顾客重复消费、转介绍、满意度、忠诚度等行为和行为偏好的关系。然而，顾客体验是一个较为抽象的概念，顾客对产品的体验往往和产品本身的真实特质存在差异，这种差异导致餐饮企业形成不够正确的市场营销战略。本书试图深度解析顾客的体验维度，解构不同细分市场的认知和情感，从而帮助主题餐厅管理者准确理解顾客，提高产品的市场营销效率。

问题二：造成不同文化背景的顾客消费体验差异的原因是什么？

因为不同文化背景顾客群体之间的消费体验组成部分及其特征存在显著差异，本书计划基于 Hofstede 的跨文化理论，考察顾客消费体验和五个文化维度之间的关联结构，分析跨文化顾客群体之间消费体验存在差异的原因。本书的结论有助于主题餐厅管理者提高市场定位和营销战略的效率，并且为企业提供系统化的概念和原理，同时引导并确保企业市场营销战略的有效执行。

问题三：怎样将顾客消费体验的异质性特征运用到顾客管理的实践中去？

主题餐厅在市场竞争中保持优势的秘诀是深入准确地洞察不同国家、不同地区、不同文化背景顾客消费体验之异质性，追溯特定异质性之成因，进而显著提升顾客满意度。因此，本书将深入解析和检验文化距离对主题餐厅消费体验维度和顾客满意度之间的调节作用，帮助主题餐厅管理者针对来自不同文化背景的顾客制定更加有效的市场定位和营销战略，最终得到主题餐厅行稳致远的成功秘籍。

1.1.2　研究意义

1.1.2.1　理论意义

相关文献鲜有聚焦于顾客消费体验之不同维度的研究，遑论探讨跨文化背景下，文化距离的大小如何对顾客消费体验和其行为之间的相互作用进行调节。所以，从文化背景差异的视角来进行观察，从消费体验理论的视角探究主题餐厅顾客的不同体验维度是至关重要的。本书试图通过对海量评论数据进行分析来重新解读和诠释顾客体验，探索顾客消费体验和顾客满意度之间的关联结构是否受到文化距离的调节和影响，以求为现有研究领域做一些学术贡献。

第一，本书逐步完善和发展了消费体验理论。从跨文化视角，通过对文本大数据进行抓取、清洗、分类和分析来探究主题餐厅顾客的认知体验和情感体验之间的关联结构。首先，本书通过对消费体验的解构，发现顾客体验受到不同文化背景的影响而存在差异性，这种差异性体现在几个方面：一是对认知体验各个维度的关注度不同；二是认知体验构成结构不同；三是情感体验构成结构不同；四是情感体验中情感强度不同。研究结果对消费体验理论中认知体验和情感体验具体维度构成的机制进行了完善和补充。其次，通过使用社会网络分析的研究方法，本书发现认知体验和情感体验中组成维度之间存在关联性，得出结论：顾客消费体验的聚类受到文化距离的影响。研究结果对消费体验理论中认知体验和情感体验之间的关联结构之研究进行了有意义的补充。最后，本书试图阐述不同文化背景顾客的消费体验所对应的顾客情绪特征，通过采用情绪分析（sentimental analysis），从情绪的视角来对顾客体验进行量化和梳理。研究结果有助于丰富消费体验理论中认知体验和情感体验所关联的情绪特征的理论研究。

第二，本书对跨文化理论的深度和广度进行了扩展。本书拟对 Hofstede 文化维度（一是 power distance，简称 PDI，译为权力距离；二是 individualism vs. collectivism，简称 IDV，译为个人主义 – 集体主义；三是 uncertainty avoidance，简称 UAI，译为不确定性规避；四是 long-term vs. short-term orientation，简称

LTO，译为长期定位 – 短期定位；五是 masculinity vs. femininity，简称 MAS，译为男性偏向和女性偏向；六是 indulgence vs. restraint，简称 IVR，译作放纵 – 节制）之间的关联性进行分析和研究，对 Hofstede 文化维度与消费体验维度之间的相关性进行了探讨，研究结果在一定程度上扩展了在地化场景下文化维度之间的关系及文化维度与顾客行为的关系之研究。

第三，本书阐述了文化距离在顾客消费体验和满意度之间发挥的调节作用，进一步探究了文化距离的影响机理。本书从文化距离理论视角出发，对顾客消费体验和满意度之间的正相关关系进行了验证，研究结论扩展了针对顾客行为和认知的理论研究。

第四，本书丰富了顾客异质性分析的研究。现有文献中针对消费体验的研究多忽视研究对象的内在异质性，将顾客作为同质性的对象进行分析，即便有学者对研究对象进行了简单的区分（国内/国外），但由于问卷或访谈这样的传统研究方法的一些特征，如调查的持续时间短、调查的地域范围小，调查结果的覆盖范围小、信度与效度都比较受限，无法对国外顾客的异质性进行准确的细分。本书通过对海量评论数据进行研究和梳理，得益于采用社会网络分析、情绪分析和可视化等大数据分析方法等新的研究方法，研究突破了传统研究方法调查时间和地域范围的限制，对来自不同国家和地区的顾客进行有效细分，深入探究跨文化背景顾客消费体验的异质性。具有一定的理论意义。

1.1.2.2　现实意义

"十四五"开局以来，随着国内旅游企业预期继续改善，"七普"数据释放积极因素；旅游业有望延续恢复性增长态势，旅游业的逐步复苏对餐饮行业来说是机会也是挑战，顾客对美好生活的品质化、便利化、定制化需求不断提升，尤其是在大量海外游客进入中国市场之后，主题餐厅管理者需要加深对不同文化背景顾客群体的理解，进而制定行之有效的营销和战略定位，在跨文化背景下正确理解顾客的消费体验，了解其关联的情绪特征。

从企业角度来看，本书能够帮助政府管理部门和餐饮业工作者更加准确地把握海内外不同国家和地区顾客在主题餐厅消费时的体验之相似和不同。研究结论可以为主题餐厅制定科学决策、产品概念设计、精准营销定位及战略选择提供帮助，对餐厅日常运营管理给予理论支撑和实践指引，故而对现实有重要的引领作用。本书通过对四到五个国家顾客的在线评论进行文本分析，从中分析总结出不同文化背景顾客的消费体验构成特征、顾客消费体验的异质性，剖析异质性的成因，了解文化距离如何影响不同背景顾客的消费体验和满意度之间的关系。从餐厅管理者的角度来看，研究结论有助于帮助他们在在地化场景及消费体验理论视角下更加精准地做出市场定位、制定有效的营销战略，从而有效提升顾客满意度，并为餐饮行业提供一定的实践参考。

从宏观管理的角度看，本书试图深层次解构和分析四到五个不同国家地区的顾客消费体验，研究结果有助于理解餐饮行业现状及发展趋势、理解跨文化顾客的消费体验结构特征及认知偏好，提升顾客满意度，从而为有关部门制定相关政策提供充分的理论依据，促进餐饮行业可持续发展。

1.2 研究思路与内容

1.2.1 研究思路

基于研究对象，本书在研究思路上遵循"现状→数据挖掘→实证分析→对策"的逻辑结构，研究文化距离调节下的主题餐厅顾客消费体验的差异，主要思路如下。

首先，基于大数据分析，描述跨文化语境下的主题餐厅顾客消费体验现状与差异；其次，利用关键词分析和社会网络分析解构顾客消费体验各维度的构成与特征；再次，研究文化距离对不同文化背景顾客消费体验差异的调节作用；最后，从市场细分和提升顾客满意度的角度提出建议。

1.2.2 研究内容

本书的主要研究内容如下。

（1）大数据背景下主题餐厅顾客消费体验的挖掘与呈现。通过爬虫技术，采集平台网站的主题餐厅相关数据，并进行数据清洗，对抓取的数据进行网络文本分析及描述性统计。

（2）主题餐厅顾客消费体验的构成与特征。首先，利用关键词分析方法对主题餐厅顾客消费体验进行再解读，对消费体验的不同维度进行深入剖析；其次，用社会网络分析方法对各种文化背景的顾客总体消费体验及其存在差异的原因进行分析。

（3）不同文化背景的顾客对主题餐厅消费体验存在差异的原因。选取研究样本，利用 Hofstede 文化维度与消费体验的相关性，进一步研究文化距离对顾客消费体验与满意度关系的调节作用，深入剖析不同文化背景顾客对主题餐厅消费体验存在差异的原因。

（4）主题餐厅顾客消费体验提升对策。基于前文实证分析的结果，分析主题餐厅顾客消费体验的提升对策，并对主题餐厅不同文化背景顾客的细分提供依据。

1.2.3　选点依据

本书选取在线旅行社猫途鹰评选的最佳旅游目的地北京、天津、上海、成都、南京、广州、西安、昆明、杭州、福州、香港特别行政区、厦门、台北和澳门特别行政区共 14 个城市或地区的主题餐厅顾客在猫途鹰网站上的消费后评论数据。其中，中国顾客样本来自华东、华北、西南、华南、西北、华中、东北 7 个地区，遍及 31 个省份；国外顾客来自北美、西欧、大洋洲、亚洲（除中国之外）。

选择数据搜集对象的标准如下。

（1）营业时间超过 1 年。

（2）真实重现特定文化主题，为顾客提供特色文化体验的餐厅。

（3）顾客评论数量超过 5 条，且评论顾客至少来自 2 个不同国家或地区。

研究拟从全球 OTA（online tourism association，中文译作在线旅游协会）网站猫途鹰上选取 200 家主题餐厅，通过数据爬虫，采集平台网站的主题餐厅相关数据（过去 20 年内来自不同文化背景的所有顾客评论），进行数据清洗，对抓取的数据进行网络文本分析。

猫途鹰是用户评论数量大、时效性强、用户来源广的在线旅游协会网站之一，提供不同文化背景的顾客在世界各地体验的吃住行游购娱评论数据（Ye et al.，2009；Leung et al.，2008）。全球来自不同国家和地区的顾客在中国旅行时，往往通过阅读猫途鹰网站上对中国境内主题餐厅的海量评论来作出消费决策，消费之后他们也会在网站上作出新的个人评论。猫途鹰网站中上百万名用户生成的数据包含了日常生活中的各种主题，该网站包含北京、上海、成都、广州、西安等最佳旅游目的地的主题餐厅信息以及涵盖全世界所有语言的在线点评，为研究中国主题餐厅顾客消费体验提供了优质的信息。此外，因为猫途鹰是一个全球 OTA 网站，所以比其他网站（如大众点评网、美团、小红书、马蜂窝等）用户来源更加多元、数据量更大，数据时效性更强（Zhou et al.，2014）。其在线评论同时涉及顾客的认知体验维度和情感体验维度。

因此，本书选取猫途鹰顾客评论数据进行大规模文本分析研究，解构跨文化背景下主题餐厅顾客消费体验是具有现实意义的。

1.3　研究方法与技术路线

1.3.1　研究方法

本书使用的研究方法如下。

（1）文献研究法。在对中、英文相关文献进行精读、归纳、思考的同时，长期深入系统研读文献，对顾客消费体验、在地化场景和大数据研究方法的研究过程和理论视角进行梳理、分析和推论演绎，从而确定研究视角。

（2）数据挖掘法。本书拟对猫途鹰网站上挑选出来的 200 家中国境内主题餐厅的在线点评进行收集、清洗和分析，然后使用计算机语言 Python 对跨文化用户在网站生成的文本数据开展数据挖掘，基于词频分析、社会网络分析、情绪分析和可视化分析等方法，对主题餐厅顾客消费体验结构特征进行深层次探究，并对研究结果提供了合理的理论释义。

（3）实证研究法。本书抓取和清洗全球顾客在猫途鹰网站生成的顾客评论数据，使用 Stata 软件进行实证分析。研究方法包括描述性分析、相关性分析、回归分析以及稳健性检验。在以上研究结论的基础上验证研究假设，并从理论的角度对结果作出了合理解释。

1.3.2　技术路线

本书在研究思路上遵循"现状→理论分析→实证分析→对策"的逻辑结构，从而使各部分保持良好独立性的同时，相互之间又有较为严密的逻辑关系。技术路线图如图 1 - 1 所示。

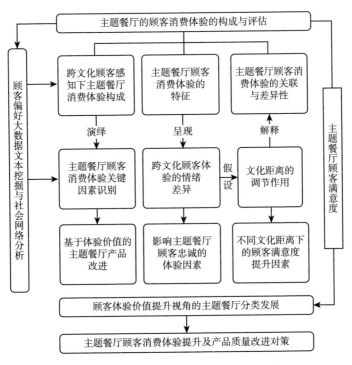

图 1 - 1　本书的技术路线

1.4　研究创新点

1.4.1　理论创新

本书将文化距离作为调节变量引入消费体验的研究领域，探讨了文化维度与主题餐厅顾客消费体验的关联结构，创新性地提出了理解不同文化背景顾客消费体验差异性的新方法。学者们主要从研究对象的消费体验维度对其个体差异进行比较，忽略了导致顾客消费体验产生差异的社会原因。故而，从顾客不同文化距离的角度来对导致特定行为的成因进行深入分析是很有必要的，本书聚焦于文化背景的异质性如何对顾客消费体验的构成维度特征形成影响，完整深入地剖析了跨文化背景顾客消费体验的异质性，研究结果进一步探索了旅游和餐饮行业对顾客行为差异的研究，有利于主题餐厅对顾客进行更有效的市场细分。

1.4.2 方法创新

在餐厅甚至服务业研究领域，学者们很少使用计算机软件对网站顾客评论进行数据挖掘，一般使用问卷调查或个人访谈的研究方法。在受访者不匿名、数量有限的情况下，传统研究方法采集的数据往往数量较少，数据质量受制于采集时间短、采集的地域范围较小，被调查者保护隐私的动机往往导致问卷真实性不足。使用大数据对网站评论数据进行挖掘可以避免时间和地域范围的限制，且可以获取海量数据，同时，因为可以做到完全匿名，能够提高问卷的可信度，从而有效揭示大数据中众多概念之间隐藏的相关性和规律。本书基于大数据提出了两个新的复合型分析框架。第一个框架将数据挖掘、数据清洗、词频分析、社会网络分析和可视化分析结合起来。研究优势具体体现在两个方面：一是相比于问卷和访谈等传统分析框架，利用海量线上文本数据更为客观有效；二是社会网络分析的统计量揭示了文本关键词之间的定量关系与关联结构特征。第二个研究框架结合编程语言对文本点评进行情绪分析（积极、消极、中性），与传统的研究方法（问卷和访谈）相比，社会网络分析和可视化分析的效率和准确性更高，使用新的研究方法（社会网络分析和可视化分析）能够更加客观准确地测量在线点评文本的观点。同时，运用 Gephi 软件可以生成可视化网络图，精准揭示消费体验不同维度之间的复杂关系以及大量文本数据主题之间内在的逻辑关系，使得本书内容更加生动丰富。以上复合型分析框架也是服务业研究方法上的创新。

1.4.3　视角创新

本书结合情绪分析和社会网络分析，研究了认知体验和情感体验包含的各个维度之间的外部关联结构以及包含的维度之间的内部关联结构，同时，研究基于情绪分析将顾客评价归类为积极、消极和中性，实现了顾客的消费体验各个维度的进一步量化，深入揭示了不同文化背景下顾客消费体验的相似性与差异性，为消费体验理论研究提供了新的学术视角。

第2章

相关概念阐释与文献综述

2.1　相关概念阐释

2.1.1　主题餐厅

2.1.1.1　主题餐厅的概念

文化是社会语境下物质空间的必备要素，人类社会空间的聚集和分散也是由特定文化特征来决定的。餐厅作为一个重要的生活空间，逐渐由过去单纯的饮食场所进化为提供综合身心体验的文化场域和意义世界。近年来，在全球化的背景下，越来越多的社会空间打破当地特征和常规进行构建或重建，全球城市中出现了许多多元文化的饮食空间，如主题餐厅。国外有学者最早提及主题餐厅是在《体验营销》一书中，书中指出：主题餐厅以一个标志性文化线索作为主题，提供一系列符合该文化特征的产品及服务组合，为顾客提供独一无二的消费环境和消费体验，激发顾客的消费情感和行为。① 每一个以主题文化为特点的餐厅，都将特定文化以建筑、装饰、氛围、服装、音乐、菜品等方式集中呈现。在某种程度上，主题餐厅是一个具有多种饮食文化的微型城市空间，它模拟和复制现实世界中的文化，进行深层次的主题

---

① Bernd H Schmitt, David L Rogers. Handbook on Brand and Experience Management [M]. London: Edward Elgar Publishing：2008 - 12 - 28.

文化渗透。① 从竞争优势的角度考虑，有学者认为主题餐厅是一种概念优先的餐厅，餐厅的概念会影响到餐厅的设计、音乐、食物等每个细节，顾客首先被有趣的概念（而不是美味的食物）吸引。② 在主题餐厅中，顾客不仅可以品尝特色美食，还可以感受独特文化。

2.1.1.2　主题餐厅的特征

主题餐厅具有差异性、真实性、文化体验性三个特征。

（1）差异性。为了与其他竞争对手区分，大量的餐厅对服务场景主题做出独特定位（Mehrabian et al.，1974；Wood et al.，2007）。相比不理解餐厅概念的顾客，了解餐厅概念的顾客更愿意去主题餐厅消费（Kim D et al.，2011）。品牌个性是一种微妙的个人体验，故而比产品属性更难模仿（Ang S et al.，2006 年），所以有学者认为，餐厅应积极发展、沟通和管理其品牌个性，将之作为其市场战略定位的手段。③ 如果服务的提供者能够将顾客与特定主题产生连接，为顾客提供附近环境没有的异国情调或创新体验，在餐厅消费时，除了吃饭之外，主题餐厅还能为顾客带来一种"旅行"的感觉（Munoz et al.，2009）。这种"感觉"就是将主题餐厅与其他竞争者区分开的竞争优势。

（2）真实性。以往的研究表明，真实是解释主题餐厅行业顾客消费行为的有用变量，是成功的关键因素（Tsai et al.，2012）。真实感满足人们寻求真实体验的欲望（Kozinets，2001；MacCannell，1976）。反映特定主题的餐厅环境可以满足顾客的体验需求（Munoz et al.，2009）。真实性在主题餐厅中的作用是强有力的，它为顾客提供了独特的体验（Ebster et al.，2005；Lego et al.，2002；Lu et al.，1995；Munoz et al.，2009）。有学者指出真实性在影响顾客拜访行为中的作用并且认为真实性能够为组织带来利润。④ 除了食物之外，餐厅

---

① 蔡晓梅，朱竑，刘晨. 顾客对情境主题餐厅表演的感知研究——以广州味道云南食府为例 [J]. 人文地理，2012，26（1）：119 - 126.

② Puspita O D. Physical Evidence of Small Theme Restaurant in Indonesia：A Case Study of Ramen House [J]. Procedia-Social and Behavioral Sciences，2015（1）：289 - 295.

③ Murase H，Bojanic D C. An Examination of the Differences in Restaurant Brand Personality Across Cultures [J]. Journal of Hospitality & Leisure Marketing，2004（8）：97 - 113.

④ Chang K. Effect of servicescape on customer behavioral intentions：Moderating roles of service climate and employee engagement [J]. International Journal of Hospitality Management，2016：116 - 128.

的其他方面（如装饰、音乐、服饰和服务）也极大地满足了顾客对主题餐厅真实感的要求（Ebster et al.，2005）。例如，有学者指出怀旧饭店的一些老板实际上是古董收藏家，他们成功地将自己的爱好变成了企业的利润。①

（3）文化体验性。主题餐厅通过主题化的场景构筑使其底层文化逻辑呈现出模拟自然形式的餐饮人文体验空间。也就是说，情境主题餐厅为顾客提供了解构及重建日常生活的人文体验场景，并为顾客提供参与性重构的微观餐饮文化情境。餐厅服务场景有不同的主题，每个餐厅都围绕着一种特定的文化来进行叙述（Lego et al.，2002；Wood et al.，2007；Salamone，1997）。学者认为，顾客希望通过光顾民族主题餐厅以获取关于不同文化的知识。② 蔡晓梅等（2012）提出主题餐厅为顾客提供了一个可以综合体验某种特定文化的社会人文空间，在这里，食物、服务都具有明显的文化特征，营造了一种独一无二的文化、艺术、娱乐综合体验。为了构筑特定的文化主题，餐厅里的个体通过各种艺术表现形式，对日常生活中分散的文化符号和线索进行集中或浓缩，或是对存在和发生在过去的历史文化事件/场景进行重现，构筑一个浓缩或仿真的文化商业空间，"解放内心欲望"，获得狂欢式的乐趣。

综上所述，本书采用以下定义对主题餐厅进行界定：围绕独特的文化主题构建且为顾客提供特色饮食及服务的空间。

2.1.2 消费体验

人类学家认为体验既是名词也是动词，一方面，体验是个人与客观世界互动时产生的每日生活感受，是认识事物的最简单过程，另一方面，体验也是一种持续性的活动，是顾客享受商品价值的方法，③ 也是个人生活的内心感受及行为方式。④ 顾客体验涵盖了顾客的认知、情绪、偏好、知觉、生理与心

---

① Hwang M Y, Hong J C, Yang T T et al. A study of how informal learning effects on creating a cultural industry [J]. 2007.

② Sukalakamala P, Boyce J B. Customer perceptions for expectations and acceptance of an authentic dining experience in Thai restaurants [J]. Journal of Foodservice, 2007, 18（2）：69－75.

③ 罗子明. 顾客心理学 [M]. 北京：清华大学出版社，2007：32－33.

④ 方征. 消费体验研究概览 [J]. 湖北教育学院学报，2007，24（7）：73－74.

理、行为等方面。① 20 世纪 80 年代初，学者们提出了顾客服务接触的概念，强调服务行业应该重视与顾客的人际接触，顾客在购买服务时的体验直接影响其满意度，最终决定他/她将来是否会选择重复购买的意愿（Lin et al.，2006）。在顾客购买服务的时候，顾客与服务供应链之间发生了直接接触，服务供应链包含一系列构成元素，如外部环境、硬件服务设备设施、服务的生产者和接受者（员工和顾客）。这种接触会影响顾客对服务供应链总体绩效的体验和评价。顾客体验是顾客与服务供应链之间接触过程中的"真实瞬间"（Patterson et al.，1997），对服务质量有着巨大的影响。更重要的是，邵腾伟等研究者（2018）认为消费体验不仅包括消费者购买产品时的感受，还包括消费者购买前的信息搜索和购买后的使用感受，凡是与消费者发生关系的所有环节都是消费体验的组成部分。②

2.1.3　文化距离

文化距离是指两种不同文化在多大程度上相似或不同（Shenkar，2001），这个概念首先在国际贸易研究领域中最早被提及且广泛运用，后来逐渐被诸多经济管理学科所接受，现有文献认为文化距离是战略管理、人力资源和组织行为学管理中的重要变量（Tihanyi et al.，2005），学者们尝试用文化距离解释各种管理问题，如创新突破、组织变革、全球扩展、技术引进和专利转让等。

运用文化距离量化文化差异是一种既简便又标准的文化度量工具。学者们尝试通过测量文化距离的大小来识别文化差异如何影响企业管理。有学者提出的国家文化维度指数是目前被大众认为最为权威的国家文化差异量化方法，包括 PDI、IDV、UAI、LTO、MAS、IVR 六个维度（Hofsted，2009）。国家文化维度指数被证实具有很好的信度和效度，因为这个指数同时影响全球所有国家，较少受到外部环境干扰，在任何变化下都能较准确地体现各国或地区之间的文化距离。

————————

　① 彭柯，胡蓉，朱庆华. 数字阅读平台的用户体验影响因素实证研究 [J]. 数字图书馆论坛，2015（11）：2－10.

　② 邵腾伟，吕秀梅. 基于消费者主权的生鲜电商消费体验设置 [J]. 中国管理科学，2018，26（8）：118－126.

2.1.4 在地化

有学者提出在地化这一概念，作为探索当地社区如何更有效地利用全球交流的框架。[①] 在地化作为文化全球化的衍生概念，属于一种文化混生现象，它更强调本地产品或服务与外部环境的混合与适应。[②] 在地化框架认为，没有一个社区是在真空中运作的，为了让社区和文化在全球社会和经济中生存甚至繁荣，必须保护一个地方的珍贵和独特之处及平衡从与世界其他地方的互动过程中得到的收获（Soulard et al.，2019）。在在地化进程中，既存在全球化对地方文化的侵蚀，也存在地方文化的反省与本土创造。[③] 因此，需要研究在地化组织如何通过在文化上调整服务、沟通和营销策略以适应当地环境，从而成功地扩展市场（Matusitz et al.，2013）。

本书的研究对象主题餐厅，其产品与服务带有显著的本地性，其顾客来自全球各地，带有文化差异与文化融合的属性。在经营过程中，主题餐厅需要不断在场景、服务、产品等方面做出调整以满足不同文化背景的顾客需要。因此，本书所研究的主题餐厅顾客消费体验，正处在一种在地化场景之中。

2.1.5 大数据分析

大数据分析（big data analytics，BDA）是新一代的先进技术，用于收集，处理和可视化大量数据以生成描述性，预测性和规范性见解，并支持组织中的决策制定（Davenport et al.，2007；Delen et al.，2018；Mortenson et al.，2015）。

维基百科将大数据定义为利用常用软件工具捕获、管理和处理数据所耗时间超过可容忍时间的数据集。孟小峰（2013）认为，作为一项创新，大数据不仅涉及数字技术和工具，还涉及知识、技能和其他社会和制度背景。数

---

① Robertson R. Localization：Time-space and homogeneity-heterogeneity［J］. Global modernities，1995，2（1）：25 – 44.

② ［美］乔治·里茨尔：虚无的全球化［M］. 上海：上海译文出版社，2006：159 – 160.

③ ［英］戴维·哈维：后现代的状况——对文化变迁之缘起的探究［M］. 北京：商务印书馆，2003：254 – 255.

据具有内在价值，但在发现该价值之前，数据是没有意义的。同样重要的是数据的真实性，真实性决定了可以在多大程度上信任数据。2015 年，国务院印发《促进大数据发展行动纲要》（以下简称《纲要》），指出：大数据是以容量大、类型多、存取速度快、应用价值高为主要特征的数据集合。《纲要》认为，大数据"正快速发展为对数量巨大、来源分散、格式多样的数据进行采集、存储和关联分析，从中发现新知识、创造新价值、提升新能力的新一代信息技术和服务业态"，并且认为大数据可以揭示传统技术条件下难以揭示的关联关系。

对大数据进行分析，从数据中获取业务价值为服务提供商提供了支持，并为数据驱动的服务提供了有意义的见解。在当今快速发展的数字经济中，大数据分析具有增强顾客体验管理的巨大潜力，因为它可以帮助组织更好、更快地了解顾客消费时的心理，制定改善顾客体验的决策。

从现有文献来看，目前对大数据的研究总体上还处于起步阶段。当然，大数据对社会科学的影响并不仅限于已经发表的少量论文，更具价值的方面是其对社会学和社会科学的基本观念、研究思维、研究方式与技术带来了冲击，对以往的研究逻辑形成巨大的挑战。

2.2 理论基础

2.2.1 消费体验的构成维度

消费体验阐述了顾客对主题餐厅的尝试、分析和判断，是顾客对体验对象的总体印象，营销文献通常将消费体验描述为一个整体的多维结构，代表客户对公司或品牌互动的反应（Hoyer et al.，2020）。有学者将享乐消费体验归类为三个中心体验，即想象体验、情感体验和感官体验。[1] 想象体验与将抽象事物形象化的思维活动关联，想象体验是不真实的。这种形象化是内在的、

---

[1] Hirschman E C, Holbrook M B. Hedonic consumption: Emerging concepts, methods and propositions [J]. Journal of Marketing, 1982, 46 (3): 92–101.

个人的和不可言说的。① 享乐消费与想象体验相关联，作为一种产品，它有可能帮助消费者想象他们想要的行为。而情感体验由消费者体验到的与特定活动有关的情感状态组成。最后，感官体验可以定义为"以多种感官方式接收体验，包括触觉、视觉和听觉"。感官体验的一个例子是能够唤起消费者情绪状态的产品。张红明等研究者（2005）认为消费体验包含五个维度，分别是情感、行动、感官、思考和关联体验。② 在零售领域，一些学者运用了五个单独但相互关联的维度来衡量消费体验（Cachero-Martínez et al.，2021），分别是认知、情感、社会、感官和身体行为（De Keyser et al.，2020）。而有研究者提出了一个更加多维的消费体验概念（情感、感官、交互性和相对优势）。③ 有学者提出基于四个体验维度通过零售应用程序概念化来对消费体验进行检验：认知、情感，关系和感官。其中，认知体验与理性元素、思想和精神吸收有关；情感体验与情绪、感觉和情绪有关；关系体验与客户识别、顾客社会背景以及顾客与公司和其他顾客的关系相关；感官体验与感官和审美息息相关（Molinillo et al.，2022）。

还有一些近期的学术研究在通过仅包括认知维度（Novak et al.，2000），或只结合认知维度和情感维度来审视在线和全渠道消费体验（Gao et al.，2021）。在零售应用领域，有学者通过认知和情感两个维度将顾客体验概念化（Molinillo et al.，2020）。认知体验指顾客对主题餐厅物理特征的体验（Rodríguez-Molina et al.，2015），可通过对行为模式、生活形态以及互动关系进行体验而形成，如景观、交通及食物等基础设施（Beerli et al.，2004；Chen，2016）。消费者可通过行动表达其感受及看法，使用包括听觉、视觉、嗅觉、味觉及触觉形成相关刺激，以形成诸如愉快、沮丧与满足等知觉。情感体验与心理因素紧密联系，由积极、消极的情绪以及强烈的情感构成。④ 顾客对主题餐厅的心理体验会激发其特定的情绪反应（Baloglu et al.，1997；Prebensen，2007）。学者认为情感体验由快乐、兴奋、唤起、痛苦、不愉快、

---

① MacInnis D J, Price L L. The role of imagery in information processing: Review and extensions [J]. Journal of consumer research, 1987, 13 (4): 473 –491.

②④ 张红明. 消费体验的五维系统分类及应用 [J]. 企业活力, 2005 (8): 18 – 19.

③ Japutra A, Utami A F, Molinillo S et al. Influence of customer application experience and value in use on loyalty toward retailers [J]. Journal of Retailing and Consumer Services, 2021, 59: 102390.

悲观、疲倦和放松八个维度构成，① 它体现了顾客对体验对象的心理感受及心理需求偏好（Hong et al.，2006；Pan，2014），情感体验在游客评价旅游目的地的过程中发挥着至关重要的作用（Kock et al.，2016）。根据文献梳理的结果，本书认为，主题餐厅作为以体验为主的消费空间，顾客对于这一特定场景的整体消费体验同样是由认知体验和情感体验两个维度构成的。

（1）认知体验。张秀红（2011）认为，主题餐厅从有形产品、消费环境、餐厅服务三个方面影响顾客。第一个方面是有形产品，分别是菜单设计、菜品呈现、餐具选择和纪念品设计四个方面，其中，菜品包括食材品质、卫生状况、口味、香气、摆盘等感官性状；第二个方面是消费环境，消费环境由内外部环境组成，外部环境包括餐厅外观和 LOGO 设计，内部环境包括餐厅空间设计、家具、灯光明暗、色彩选择、装修材料、佐餐音乐；第三个方面是餐厅服务，由一般服务和主题活动组成。学者对主题餐厅的顾客体验研究分为七个方面，他认为发生在服务场景实质性阶段的顾客体验由背景音乐、气氛、清洁、餐厅主题、装修风格、设施设备六个方面构成，而顾客的认知体验多是在服务场景实质性阶段形成的（Meng et al.，2017）。李凡（2006）将影响顾客对主题餐厅体验的因素归纳为 9 类共 34 项，其中的顾客认知体验的对象分别是餐点（口味、搭配、营养、安全、品种和菜品名称）；菜单（新颖、设计、方便）；便利（停车、交通、位置、营业时间）；促销（力度、范围）。

（2）情感体验。他将情绪描述为"由于特定事件或情况而产生的积极或消极反应或心理准备阶段"（Bagozzi et al.，1999 年）。因此，本书将主题餐厅的顾客情感定义为由于特定主题餐厅中的主题交流或主题环境而引起的情绪反应或心理准备阶段。也有学者提出了一种判断：人们常常根据经历的情感反应来对对象进行判断，产品或服务为顾客提供的满足感之愉悦程度决定了顾客对产品或服务的判断（Schwarz et al.，1983）。主题餐厅管理者的目标是创造愉悦的感觉，情感反应会引导顾客对他/她在餐厅的整体用餐体验进行特定的认知评估。顾客由情感引导而形成的判断成为顾客满意度形成的原因。

以上研究充分证明了消费体验在消费者行为和服务质量改进中的重要作

---

① Russell J A，Pratt G. A description of the affective quality attributed to environments ［J］. Journal of Personality & Social Psychology，1980，38（2）：311 – 322.

用，消费体验与顾客行为、意愿、场景营销等的关系极其密切。

2.2.2 认知—情感—行为模型

理性购买理论提出，顾客的购买过程按照体验、情感、意愿、购买行为和购后评价五个阶段顺序发生，体验是顾客整个购买过程的第一个核心环节。[①] 而基于顾客态度理论的 A（affection）B（behavior）C（cognition）模型（又称 ABC 态度模型）认为，顾客对于一个品牌的态度形成包含了情感、行为和认知三个核心要素。基于 ABC 态度模型，顾客在接收品牌或产品的信息后形成认知，在体验的基础上，对态度对象进行整体测评进而产生情感，并基于情感产生购买倾向甚至是购买行为。[②]

2.2.3 社会网络理论

社会网络理论认为人与人之间的交流与联结就是一个社会网络，其存在对社会发展而言相当于生产力，不同的社会发展水平对应着不同的社会网络特征。[③] 因此，分析社会网络特征可以帮助了解社会发展状况。刘林平等（2017）指出，在信息的社会与经济价值不断提升的背景下，信息的流动效率越来越高，个体间的交流和协调成本也越来越低，社会网络的复杂性与多样性特征显现。

许多学者基于社会网络特征进行学术研究，尤其是在集体行动领域。政府及研究机构学者们通过分析用户的网络互动数据来对集体行动理论、公共物品和博弈论的相关假设进行验证。例如，使用 Twitter 和 Facebook 的平台电子痕迹来对"阿拉伯之春"中的抗议信息和公众舆论进行追踪，从而对抗议动员的速度和程度进行量化（Gonza lez-Bailon S，2011）；利用 Twitter 用户消息分析了关键词出现次数与选票的正相关关系（Digrazia J et al.，2013）。自

① 冯建英，穆维松，傅泽田. 顾客的购买意愿研究综述［J］. 现代管理科学，2006（11）：7 - 9.

② 张俊，王勇. 老字号品牌的刻板印象与顾客购买意愿的关系研究——基于顾客认知过程的实证分析［J］. 河北经贸大学学报（综合版），2018，18（1）：50 - 57.

③ Bourdieu P. A social critique of the judgement of taste［J］. Traducido del francés por R. Nice. Londres，Routledge，1984：249 - 260.

此，社会网络数据分析开始在群体行为的研究领域得到广泛开展。

学者对社会网络理论进行了更加深入的探索，他们从结构维度、关系维度和认知维度三个层面来对社会资本进行解构研究，界定了各维度所包含的变量（Nahapiet et al.，1998）。他认为，社会网络主要存在于社会中不同个人之间的关系中，社会网络是个人之间社会交际和关联的产物。尤其是在群体行为中，个人之间的交际和关联能够成为追踪其行为的依据。根据 Nahapiet 等的研究，结构维度包含"社会交互联结"和"中心性"，其中，社会交互联结是指在主题餐厅社群社会关系网络中，由每个关键词形成的节点之间彼此交流与互动的频率、广度和深度以及关键词之间关系的强弱；中心性指社会网络中由关键词所构成的节点在网络中所处的位置，反映了各关键词在网络中重要程度的差异。本书从结构维度来衡量主题餐厅社群在社会网络中的关键因子。

2.3 相关研究综述

2.3.1 主题餐厅顾客消费体验的来源

有关主题餐厅顾客消费体验的来源可以从体验发生的顺序上来进行梳理。

1. 服务前的沟通体验

服务包括两个维度：一是实质性的阶段（如颜色、音乐、气味以及布局和设计），二是沟通性的阶段（如员工的个人表现、服务场景的文化氛围）（Bitner，1992；Gwinner et al.，1998；Brannen，1993）。经历过实质性阶段和沟通阶段的顾客，因为一次消费经历产生情绪的触动或情感得到满足，从而会对服务场景给予回应，作出重新访问该地点的决定（Kotler，1974；Kim et al.，2009）。过往研究已经从财务结果的角度（即顾客的行为是否有助于服务组织的利润）验证了这种心理过程。

主题餐厅发生在服务场景沟通性阶段的顾客体验由员工态度、等候时间、娱乐安排、文化体验、真实性四个因素构成（Meng et al.，2017）。李凡（2006）将影响顾客对主题餐厅体验的因素归纳为 9 类共 34 项，其中的顾客情感体验为餐厅主题（特色、差异性、持续性、丰富性、知晓性）；氛围（外观、装修、色彩、音乐、餐具、就餐区域环境、服务员服装）；服务体验（服务员的效率、态度及技能）；价值（价格、附加费、物有所值）。总而言之，主题餐厅文化氛围影响顾客体验，从而激发顾客特定情感，最终影响顾客对餐厅的满意度。[①] 因此，重视管理顾客对环境的知觉，提高顾客对文化氛围的体验质量非常重要。

2. 服务中的情绪体验

研究者在一项实证研究中指出，情绪有助于餐厅满意度的形成（Lin et al.，2010）。学者认为，服务环境的实质阶段和交流阶段都可能影响顾客的情绪反应（Mehrabian et al.，1974）。研究表明，身体刺激和社会刺激会影响顾客的服务体验，人们会对舒适的环境刺激作出整体反应（Mehrabian et al.，1974；Nilsson et al.，2014；Rosenbaum et al.，2011）。主题餐厅的灯光、背景音乐、空间布局和功能适当，顾客就会感到舒适（Smith et al.，1966）。同时，员工有吸引力、礼貌，愿意帮助顾客并给予他们特别关注，顾客也会感到满意（Dong et al.，2013）。当顾客身处愉快的服务环境中时，会产生积极的感受和情感（Mattila et al.，2001）。实证研究证明服务场景与情绪反应之间存在显著关联（Bitner，1992）。在服务场景中缺乏直接身体接触的情况下，顾客可能会在很大程度上受到实体环境的影响（Kim et al.，2009），主题餐厅的服务场景会显著影响顾客的愉悦感。

3. 服务后的整体体验

王东（2010）认为顾客消费体验受到质量、服务、环境和文化的影响，顾客体验由知觉、情感和社会三个体验维度构成。质量、服务、环境和文化正向影响顾客体验。其中，质量、文化和环境因素显著影响顾客的知觉、情感和社会体验；服务因素显著影响顾客的体验和情感体验。也有学者认为顾客对于餐厅的体验集中在感官、情感与文化三个维度。不同类型的顾客在对餐厅具体的体验维度上表现出较大的差异性（刘彬等，2020）。

综上，由于消费行为具有多重社会意义，消费体验既有在日常审美活动中的情感传达，也有在符号象征范畴中的意志体现。这决定了消费体验既是简单的又是复杂的，既是个性的、具体的又与宏观世界的结构相统一。我们

---

① 陶文静. 厦门主题餐厅的文化氛围营造研究［D］. 厦门：华侨大学，2014.

可简单地将消费体验视为重要的情感表现，又可将其视为一个过程、一种状态，其内涵丰富，表现形式多样，是个体部分或全部情感转移到体验环境导致的结果，是生理、情感、认知和行动等多方面反应的综合（屈援等，2015）。

首先，主题餐厅的"主题"因素是影响消费者体验的重要因素。消费行为受到日常审美和生活风格的影响，"日常审美"代表着一个人的审美趣味和需求。"生活风格"是由不同社会空间中的人们拥有的资本及其属性所决定的日常消费偏好，"生活风格"呈现的差异，可以区分不同的阶级、阶层以及人们在社会空间中与生俱来所占有的位置及其变化。① 消费者在主题餐厅所感受到的情感体验由对消费行为的情感认知而触发，消费体验的满意度在很大程度上受到消费体验的个性化和文化性影响，② 主题为顾客提供了体验特色生活风格的机会，顾客消费体验过程中能够感受其独特文化，通过消费充分体现个人审美。主题是消费体验文化性的体现和载体，对消费体验满意度和最终的购买行为均有积极的作用，故而主题是顾客体验主题餐厅产品（服务）的体验来源。

其次，主题餐厅为顾客提供的产品是有形的餐饮和无形的服务，餐饮与服务对顾客在餐厅的消费体验产生重要影响，这个观点在很多学者的研究中都有体现。崔健等研究者（2014）指出消费体验的满意度受到消费体验的互动性、文化性、过程性和个性的影响，其中，消费体验的个性化程度对于消费满意度的影响最大，同时，上述四个因素对于最终购买决策存在间接积极的影响。王建磊（2021）认为消费体验受到信息产品因素、场景因素和个人因素三个方面的影响。其中，信息产品因素包含三个方面：体验内容的匹配性、反馈性及信息产品的来源（对信息的信任度和重视程度）；个人因素是指个人的身份和品位（产品与个人身份/品位是否一致）；场景因素是指消费场景体验特征，即碎片化体验场景或特定深度体验场景。学者认为消费情感是来自对事件或思想的认知评价，即受到认知评价和控制的影响，如正面认知会带来美好情感，负面认知更有可能带来负面感受。③ 由此可见，主题餐厅产

① 刘晓春. 布尔迪厄的"生活风格"论［J］. 民俗研究，2017（4）：5 – 15.

② 崔健，朱小栋. O2O 模式下消费体验度影响因素探究——以苹果体验店为例［J］. 现代情报，2014，34（12）：55 – 59.

③ Lee J G，Thorson E. The impact of celebrity-product incongruence on the effectiveness of product endorsement［J］. Journal of Advertising Research，2008，48（3）：433 – 449.

品（餐饮）及服务的标准化与个性化程度在很大程度上影响消费体验和满意度。

再次，在主题餐厅就餐的体验受到消费便利性的影响，消费的便利性决定了消费者对体验内容投入程度，一方面决定了顾客参与类型（主动参与还是被动参与）；另一方面决定了环境上的相关性，即环境与消费者的相互作用（吸收型联系还是沉浸型联系），所谓吸收型联系是指通过让消费者对体验的了解来吸引消费者的注意力，沉浸型联系是指使消费者成为体验互动中的一部分，即消费者与环境相互融合（Clarkson，2013）。

最后，主题餐厅的价格因素会对顾客消费体验产生重要影响。研究者认为比较价格知觉、折扣知觉和客户满意度对客户忠诚度和服务质量知觉有正向直接影响，产品质量知觉、折扣知觉和价值知觉对客户忠诚度有间接影响，故而可以得出结论顾客忠诚度的形成取决于比较价格体验、折扣体验、产品质量体验、服务质量体验、价值体验和客户满意度。[①] 这个观点也从其他学者的研究中得到了验证，例如通过研究发现，收入管理旨在通过为相同的产品设置不同的价格来最大化财务绩效，这种做法可能会恶化客户关系管理的非财务绩效，如体验效用、客户满意度和客户忠诚度。[②] 因此，收益管理可能对客户关系产生双重负面影响。由此可知，价格是影响顾客消费体验的重要因素。

以上研究成果验证了顾客消费体验在服务行业的必要性。但以往的大部分研究都把消费体验作为一个整体变量来测量，鲜有研究触及消费体验维度的解构和测量，特别是少有研究剖析认知体验与情感体验的关联机制。顾客的消费体验（包含认知体验和情感体验）是否是多维度的，具体由哪些维度构成，如何对每个维度的重要程度进行测量？这些问题需要深入研究。

2.3.2　在地化场景下主题餐厅顾客消费体验的差异

消费体验的文化性，即顾客自觉接近或者消费与文化相关的产品或服务，

---

① Noyan F，Şimşek G G. The antecedents of customer loyalty ［J］. Procedia-Social and Behavioral Sciences，2014，109：1220 – 1224.

② Matsuoka K. Effects of revenue management on perceived value，customer satisfaction，and customer loyalty ［J］. Journal of Business Research，2022，148：131 – 148.

以期扩大自己的知识量，提升自己的文化修养并且从文化中获得共鸣。① 有多项研究证实了民族文化对客户忠诚度存在影响。在对中国和荷兰的银行和超市的研究中，学者发现，与荷兰相比，较高的不确定性回避和长期定向对中国的忠诚度意向有更大的积极影响（Zhang et al.，2014）。研究者发现与马来西亚（低不确定性避免）相比，土耳其（高不确定性避免）体现出对银行的更高忠诚度，结论是具有高度不确定性避免和长期导向的国家更愿意回避未知的结果（Ndubisi et al.，2012）。也有一些学者得出了不一样的结果，如在针对美国纽约和中国台湾大学生的研究中发现，这两个地区的大学生的忠诚倾向受到集体主义的积极影响（Seock et al.，2011）。在使用全国样本对摩洛哥、塞内加尔和突尼斯的购物中心进行研究的过程中，发现集体主义对客户忠诚度有积极影响（Diallo et al.，2018）。表明在斯里兰卡等集体主义明显的国家，可以期待更高的客户忠诚度。

还有一些学者们对不同文化背景游客对同一个旅游目的地的消费体验进行过研究，韦福祥等指出，不同文化背景的顾客在服务质量和消费体验等方面存在显著差异。基于一致性理论，研究证明了餐厅员工的种族外貌、餐厅顾客的民族外貌，民族餐厅的主题以及顾客对民族美食的知识，都会影响顾客对主题餐厅真实性的体验的（Song H et al.，2019）。现有跨文化语境下的服务业顾客体验研究不多，仅有的研究也是主要基于特定文化背景的案例研究。

学者曾在研究中对澳大利亚和印度尼西亚的游客行为进行了对比分析，研究表明，来自不同文化背景的游客在同样的情景下表现出了不一样的行为。② 例如，在印度尼西亚文化中，时间是一种取之不尽用之不竭的资源，他们认为等待是正常的事情，不会因为等待而焦虑；而澳大利亚人则认为时间是不可浪费的资源，他们喜欢准时的时间安排。印度尼西亚的传统文化中比较关注集体利益，他们认为孤独是一种负面情绪；而在澳大利亚的文化中个人主义被认为高于集体主义，他们追求个人的独立性，尊重隐私，独处的时间受到尊重，澳大利亚人并不认为孤独是一种消极的情绪。研究发现，即便是同一个国家的游客，在旅游中也会有行为差异。例如，同为加拿大游客，

---

① 胡峰. 企业文化与企业文化整合的必要性 ［J］. 环渤海经济瞭望，2003（4）：13 – 15.

② Reisinger Y，Turner L. Structural equation modeling with lisrel：Application in tourism ［J］. Tourism Management，1999，20（1）：71 – 88.

对于旅游因素关注的先后程度也是不一样的，说英语的加拿大游客更加愿意品尝当地特色美食、拜访亲友，而说法语的加拿大游客更愿意去赌场和坐游轮旅行①。

研究揭示了韩国游客购买本国旅游产品的目的往往不是追求新鲜感，而中国和美国等来韩的外国游客则更可能是为了体验当地的历史文化或是出于好奇而购买韩国的旅游产品。② 从中可以看出，本国旅游产品更能给外国游客带来新的消费体验和感受。来自不同国家的顾客对服务和设施的要求也存在较大差异，如来自北欧国家的顾客往往更注重服务的态度和效果，来自加拿大的顾客更期待积极、主动的服务，拉美国家的顾客则对服务给自己带来的直接感受更加看重（Magnini et al.，2011）。

通过对导游进行访谈，研究者比较了美国、韩国和日本游客的行为差异（Pizam et al.，1996）。发现美国游客乐于了解旅游目的地居民，喜欢新鲜事物，愿意选择长途旅行，乐于冒险，不热衷购物，购物时很少讨价还价，更加愿意选择自由行；日本游客非常愿意了解旅游目的地居民，对新鲜事物的兴趣一般，热衷于品尝当地食物，倾向于选择短途旅行，喜欢保守的项目，在购物时习惯还价，更喜欢参加旅行团；韩国游客对旅游目的地文物非常感兴趣，希望旅游距离适中，对于旅游项目的选择比较中和，既不选择冒险项目，也不会喜欢保守的项目，他们热衷于购物，习惯讨价还价，和日本游客一样，他们也愿意团队出游。

张恩碧（2009）认为体验消费对象独特程度通过异域性和文化性来表现。异域性特征主要是指体验消费对象属于非顾客当前工作或生活的地理区域（外国、外省或是其他民族），具有其他某个地区的异域特色和独特魅力，可以称作国际性、地域性和民族性的体验消费对象。体验消费对象所处位置与顾客工作生活地区的空间跨度越大，顾客越不熟悉，顾客的新奇感就越强烈，获得的体验效用就越大。

体验消费对象的文化性特征反映了国际性、地域性和民族性等文化特质。体验对象的吸引力主要取决于其独特性，而这种特色取决于该消费对象文化

①　Silvia Sussmann et al. A cross-cultural analysis of English and French Canadian's vacation travel patterns［J］．International Journal of Hospitality Management，1997，16（2）：191－208.

②　Lee Y，Kim S，Seock Y K et al. Tourists' attitudes towards textiles and apparel-related cultural products：A cross-cultural marketing study［J］．Tourism Management，2009，30（5）：724－732.

内涵的独特性和差异性。消费体验效用正向影响顾客感受新奇刺激程度，而消费体验的新奇刺激程度正向影响消费者的陌生程度。消费对象的独特程度正向影响消费体验的新奇刺激程度及陌生程度。消费者自身的消费经历和消费经验反向影响对消费对象的陌生程度，陌生程度反向影响消费频率。当顾客身处不同文化环境中，其体验效用有可能差异较大。

现有研究基于特定的文化视角，描述了文化背景对顾客忠诚度的影响，以及不同文化背景下的顾客消费习惯、消费偏好、消费态度等差异。这些研究结论表明，不同文化背景的顾客在服务场景中的体验与态度是存在显著差异的，体验对象的差异性对顾客体验效用存在直接影响，为本书的后续研究奠定了理论基础。但是，这种差别存在的原因如何，除了人口统计学差异之外，是否与文化距离的远近有关还值得进一步研究。

2.3.3　对主题餐厅顾客消费体验的评估

顾客的消费决策受多种整体评估的影响，包括针对功能效用、情感效用、社会效用和认知效用等的评估，每种效用基于不同的背景做出不同的贡献。[①]近年来，餐厅经营者一直致力于提升顾客的体验效用，因为体验效用决定了顾客对用餐体验的评价，在决策过程中起着决定性作用（Ha et al.，2010）。事实上，顾客选择服务提供商的依据是总体体验效用，而不仅仅是食品/服务质量，要综合考虑各种条件，如预算、时间和精力（Cronin，2016）。餐厅的食物/服务质量是顾客决定光顾餐厅的必要条件，但不是充分条件，餐厅在作出决策时应该考虑顾客为了获取利益而做出的牺牲。因此餐厅需要充分了解构成体验效用的具体因素，才能准确理解顾客的偏好（Gummerus，2013；Woodruff，1997）。

如今，有关消费体验的评估则多是从顾客体验效用角度展开的，其中涵盖了多方面的体验效用。

首先，功能效用历来被认为是影响顾客选择的主要因素（Perrea et al.，2015；Sánchez et al.，2006；Sheth et al.，1991；Williams et al.，2009），功能

---

① Sheth J N, Newman B I, Gross B L. Why we buy what we buy: A theory of consumption values [J]. Journal of business research, 1991, 22 (2): 159 – 170.

效用对顾客的购买意愿有积极影响（Grewal et al.，1998）。由于功能效用的定义相当广泛，以往对食品或食品旅游的研究交替地将功能效用概念化为质量效用、价格效用或其他一些特定的功能或功利特征（如健康功能）（Finch et al.，1998；Finch，2006；Perrea et al.，2015），也有学者认为口味/品质价值、健康效用、价格效用都会正向影响游客对当地食物的态度。[①] 一般来说，顾客会比较产品的各种效用和价格来推断功能效用。所以我们认为质量和价格是功能效用的两个关键决定因素。以往的实证研究证明了：（1）食物质量对功能效用的积极影响（Hartline et al.，1996；Oh，1999；Mayr et al.，2012）；（2）食物口味对功能效用的积极影响（Grewal et al.，1998；Teas et al.，2000；Dodds et al.，1991；Wang，2013）；（3）食物健康正向影响功能效用（Kim et al.，2013）；（4）食品质量与顾客满意度之间存在正相关的关系（Huang et al.，2014；Ramanathan et al.，2016；Line et al.，2016；Han et al.，2017；Namin，2017）；（5）价格公平会对顾客满意度产生积极影响（Martín-Consuegra et al.，2007；Jin et al.，2012；Konuk，2018）；价格不公平会负面影响顾客满意度（Fernandes et al.，2016），所以当顾客体验质量效用高时，他们对食品的价格公平体验预计会增加，当产品的价格不可接受时，会导致顾客体验的功能效用降低，因此，价格公平也会影响体验效用（Oh，2000；Ferreira et al.，2010）。

基于公平理论和双重权利原则，顾客主要从合理的食物质量和可接受的菜单价格来衡量餐厅的功能效用，因此，本书将通过餐饮质量和价格两个因素来评估主题餐厅产品的功能效用。

其次，情感效用是客户体验效用的重要维度之一，它与服务体验者的情感状态相关（Sweeney et al.，2001）。一些休闲娱乐活动的消费体验也与情感效用有关，这些消费体验可以是积极的（享受、幸福和娱乐）或消极的（恐惧、焦虑和痛苦）情感状态（Zainuddin et al.，2011）。以往研究强调了情感效用对餐厅环境中顾客满意度的积极影响（Ryu et al.，2008；Qin et al.，2010；Namin，2017）。例如，品酒过程中的享受和乐趣是非常重要的（Sánchez et al.，2006）。情感效用在顾客总体消费体验中发挥着比其他维度更

---

① Choe J Y J，Kim S S. Effects of tourists' local food consumption value on attitude，food destination image，and behavioral intention [J]. International Journal of Hospitality Management，2018，71：1 – 10.

加重要的作用，这个观点在诸多学者的研究中得到了验证，当消费者阅读在线口碑评论，并对顾客体验维度的其他维度进行评估时（阅读在线口碑评论→情感效用→功能/社会/利他效用），情感效用发挥中介作用。[①] 针对客户体验效用的研究也表明，与其他功能效用相比，情绪是预期结果的一种重要驱动因素，也是社会行为的重要考虑因素（Parkinson et al.，2018）。

主题餐厅的氛围营造与服务也直接影响了顾客的情绪，情感效用往往体现在目的地的服务质量上（Sweeney et al.，2001），本书通过餐厅服务水平来评估顾客的情感效用。

再次，任何产品都可以具有社会效用。学者将社会效用理解为一个涉及归属感、身份和社会区别的独立类别。[②] 也有学者（2019）发现社会效用包含三个维度：社会资本、公众参与和身份。[③] 他们以现场音乐为例，解构了现场音乐社会效用的三个维度。

第一，特定音乐增强了听众的归属感，并让人们找到相互联系的方式。现场音乐创造了一种生态，支持城市社区为不同人群创造见面的空间，从而发展社交网络，它在维持人与人之间的社会关系中的发挥着重要的作用，这是其作为一种社会资本特有的特征。第二，现场音乐组织者希望通过音乐会的形式对城市及其居民产生积极的影响。这种更广泛的公共角色甚至超越了音乐节目活动本身。许多场馆和节日都积极支持城市环境中的社区并与之合作，这是其促进公众参与的社会效用（Parkinson et al.，2015）。第三，现场音乐生态在塑造居民对地方的依恋中起着至关重要的作用。居民从当地的现场音乐场景中获得身份、认同感和文化自豪感。音乐场所可以定义街道或社区的特征，传奇场地是城市独特文化遗产的一部分，标志场所的美学品质与其艺术遗产受到珍视，作为城市遗产的一部分，给人一种自豪感和归属感。

受社会效用观驱动的顾客选择朋友或同事认可的产品，或传达他们希望投射的社会形象的产品（Elliot et al.，2011；Sheth et al.，1991）。在旅游业

---

① Previte J，Russell-Bennett R，Mulcahy R et al. The role of emotional value for reading and giving e WOM in altruistic services［J］. Journal of Business Research，2019，99：157－166.

② Klamer A. Social，cultural and economic values of cultural goods［J］. Journal of Cultural Economics，2003，3（3）：17－39.

③ Van der Hoeven A，Hitters E. The social and cultural values of live music：Sustaining urban live music ecologies［J］. Cities，2019，90：263－271.

中，从旅行体验中获得的个人认可或声望可能与其社会效用有关（William et al.，2009）。除此之外，社会效用除了与个人认可或声望相关的互动之外，还与个人之间的互动有关。研究强调了互动价值或"团结"在食品旅游中的重要性（Goolaup et al.，2016；Ignatov et al.，2006）。对游客来说，重要的度假体验是与亲朋好友社交，同时在自然环境中享用美食（Goolaup et al.，2016）。家庭成员之间或食品生产者和顾客（游客）之间的社交互动是与食品相关的节日的重要组成部分（Williams et al.，2015）。本书将通过便利性来评估主题餐厅的社会效用。

最后，好奇心、新奇和寻求知识的价值观本质上是认识论（认知效用）的观点（Sheth et al.，1991）。在以往的旅游资源研究中，无论是涉及名胜古迹还是景观，游客的认知效用常常被忽视。有学者使用术语"认知效用"，并将其定义为"客户主观赋予的价值"①。一个人的知识可以通过旅行到另一个国家来得到增强。特别是消费来自另一种文化的美食可以提供认知效用，大多数游客认为当地的食品消费是一种新奇的体验，也是一种扩展知识或文化资本的手段（例如通过学习新的烹饪和饮食方式，食物，或特定菜肴背后的故事）。在一项研究旅游距离与游客体验效用之间关系的研究中，这个观点得到了验证，诸多学者在考虑非常远的地方与食物相关的资源的效用时，发现尽管有旅行费用，但游客认为远距离旅游产品的认知效用较高。② 故而可以得出结论：为了提高偏远地区的食品相关资源的效用，有必要通过其独特的区域和社会生态环境对其进行区分。除此之外，旅行体验的一个重要部分不仅是品尝当地美食的机会，还包括与当地人和其他游客会面和交流的机会。游客与当地农民或居民之间的交流往往在与食物资源相关的地方（不是在超市或餐馆）蓬勃发展，游客通过旅游经历体会到当地人的积极特征。例如，日本能登地区有许多传统食品和蔬菜，如果将这些食物资源与历史遗迹和博物馆等文化资源之间建立起协同作用，改善食物与历史、博物馆等资源之间的关系，这种联系有助于提高文化资源的认知效用。

---

① Chen Y G, Chen Z H, Ho J C et al. In-depth tourism's influences on service innovation [J]. International Journal of Culture, Tourism and Hospitality Research, 2009, 3（4）：326 – 336.

② Tyrväinen L, Uusitalo M, Silvennoinen H, et al. Towards sustainable growth in nature-based tourism destinations：Clients' views of land use options in Finnish Lapland [J]. Landscape and Urban Planning, 2014, 122：1 – 15.

近年来，越来越多的管理者意识到他们需要在发展不同类型旅游资源协同组合的基础上，提高区域竞争力，创造有吸引力的旅游体验。例如，作为旅游资源的食物可以根据其质量进行评估，也可以根据参观早间集市或葡萄酒工厂，与其他游客和当地人交流的体验来评估。体验当地的饮食文化可以在旅行中创造特殊的时刻，"当地特产的消费是对土地、地区、省份、土壤的象征性消费，是一种与当地人口的象征性的纽带"（Bessiere et al.，2013）。也有学者提出将亲密模式与体验经济相结合，以美食旅游为基础进行乡村发展（Sidali et al.，2014）。早先的研究表明，与食物相关的旅游资源可以通过提升食物本身的效用来促进区域发展，同时创造出不同类型旅游资源的精细和协同组合，为游客提供独特的体验。利用每个地区的社会生态环境，可以探索协同组合，以找到在一个地区持续管理旅游业的新方法。

游客很可能通过食用当地食物来满足他们的好奇心和对新奇的渴望。本书将用餐饮和主题两个因素来评估主题餐厅的认知效用。

结合现有研究，本书所采用的餐厅顾客体验效用将用五个维度来评估，即主题、便利性、价格、餐饮和服务。

2.3.4　大数据在顾客消费体验评估中的应用

有证据表明，大数据分析能为服务业的从业人员提供及时而有用的启示。研究中介绍了 B2B 销售中销售人员利用 BDA（big data analysis）和人类学讲故事的新颖方法，向潜在顾客展示智能产品所能提供的服务，为顾客远程提供体验服务的机会。[①] 因为大数据技术，顾客对于故事的真实性和权威性更加信任，从而促进了这类产品的销售。

现有基于大数据的顾客研究主要体现在顾客行为与顾客意愿两个方面。研究者使用文本分析方式（265 016 条在线评论），运用了一个概念模型来测量员工和顾客接触维度，从而得出一个最能提高顾客满意度的顾客接触范围。[②] 这一研究表明，比起传统有限的调研方法，BDA 更加适合此类研究。

---

① Boldosova V. Telling stories that sell：The role of storytelling and big data analytics in smart service sales [J]. Industrial Marketing Management，2020，86：122 – 134.

② Barnes S J，Mattsson J，Srensen F et al. Measuring employee-tourist encounter experience value：A big data analytics approach [J]. Expert Systems with Applications，2020（9）：1 – 10.

在此基础上，许多学者开展了关于服务业顾客满意度的大数据研究。例如，使用Tripadvisor.com上关于酒店行业的127 629条评论样本来进行大规模的文本分析研究，通过使用在线文字评论的技术属性和顾客评论社区的参与程度预测总体顾客满意度（Zhao Y et al.，2019）。学者进行了一项研究，通过仔细审视超过133 000名顾客对航空服务的反馈意见，对数据集进行了情绪分析，调查了顾客对航空服务的满意度的潜在决定因素。[①]

进一步地，学者设计了一个基于大数据的顾客体验管理模型，框架基于数字的、物理的和社交领域中不同类型接触点的顾客与组织的互动。[②] 互动过程中可以捕获、存储、组织和集成多种类型的顾客数据（结构化、非结构化，主动获取、被动获取），利用顾客体验管理和大数据分析的概念背景来对顾客体验洞察进行解释，并通过BDA获得有关顾客的信息与偏好。此框架目的是不断改进顾客体验，它将顾客体验管理和BDA集成在一起，帮助组织更好地了解可以使用哪些类型的顾客体验数据和分析来生成可操作的顾客体验洞察。通过使用描述性大数据、询问性大数据、预测性大数据和说明性大数据进行分析和解释，可以生成态度、心理、行为和市场顾客体验洞察。最后，这一模型可以将顾客体验洞察用于顾客与组织发生互动的接触点的顾客体验动作的监控、排序、适应和设计。

综上所述，基于大数据的顾客分析因数据量大、范围广而规避了某些特殊因素的影响，为产业和企业提供了可信的决策支持。尤其是在样本类型多样、复杂的情况下，大数据分析为产业和企业进行顾客态度与行为评估提供了一种新的途径。

---

① Park E，Jang Y，Kim J et al. Determinants of customer satisfaction with airline services：An analysis of customer feedback big data［J］. Journal of Retailing and Consumer Services，2019，51：186 – 190.

② Holmlund M，van Vaerenbergh Y，Ciuchita R et al. Customer experience management in the age of big data analytics：A strategic framework［J］. Journal of Business Research，2020（8）116：356 – 365.

第3章

主题餐厅顾客消费体验对顾客
行为的作用机理

3.1 主题餐厅顾客消费体验、态度和行为的关系

3.1.1 顾客认知体验与情感体验的关系

顾客消费体验由两个部分组成,即认知/理性与情感(Liljander et al.,1997;Bigné et al.,2008)。认知成分包括对所购买产品的逻辑和理性的评价,情感成分包括幸福和愉悦等情绪,这些情绪带来顾客对预期的确认(Yu et al.,2001)。

顾客对主题餐厅的认知体验来源于餐厅的社会服务景观,服务景观由内外部设计(建筑设计、标志、符号和人工制品)和环境条件(温度、光线、噪声、气味和音乐)构成,指服务的物理环境(Raajpoot,2002)。在餐厅服务环境中,顾客受到物理环境的直接影响,直接或间接受到社会因素影响,如受员工或其他顾客影响(Jani et al.,2013;Miao et al.,2013)。这些社会组成部分被称为社会服务景观(Hanks et al.,2018;Jang et al.,2015)。近年来,由于社会服务格局对顾客态度、满意度和忠诚度的显著影响,研究开始从不同角度审视社会服务格局(Jang et al.,2015;Miao et al.,2013),相关研究领域包括员工与顾客之间的沟通(Dong et al.,2013)以及员工与其他顾客的特征,包括体验的相似性、外貌、恰当的行为(Hanks et al.,2018)、员工的种族

（Kim et al., 2017）以及其他顾客的种族（Wang et al., 2015）。

顾客对主题餐厅的情感体验则是顾客在消费过程中的态度或情绪反应。学者在研究中指出，食物、服务、合理的食品价格与分量、员工的友好态度和氛围、异国风味与创意美食的高档餐饮体验、餐厅设施的便利性和可用性、便利的停车场及 Wi-Fi 等因素能够为就餐顾客创造积极的体验（Kwon, 2020）。而低性价比（特别是对食物而言）、服务失败（例如收费过高、退款过程烦琐）、口味平平、食物质量平庸无特色、员工服务质量差，特别是服务提供慢、清洁度低、等待时间长、服务员工的粗鲁态度会导致顾客产生消极的体验。

3.1.2 顾客消费体验对顾客满意度的影响

在顾客体验影响的诸多对象中，顾客满意度在学术界和实践界备受关注。有文献认为，顾客满意度受到购买前的期望值[①]、顾客体验、顾客体验效用（Kim M et al., 2004；McDougall G H G et al., 2000）、服务质量（Jeong M et al., 1998；Caruana A, 2002；Taylor et al., 1994）和企业形象（Andreassen et al., 1998）等因素的直接和间接影响。"顾客满意度"表示顾客对产品或服务的满意程度，包含服务质量是否稳定、能否对独特需求给予回应、能否保证服务的持续供应、服务是否细致入微、服务标准是否明确五个维度。在餐饮行业，学者将满意度概念化为顾客需求满足后的回应。[②] 因此，满意度被定义为基于个人对主题餐厅的初始标准与实际产品或服务绩效之间的差异而进行的评估或判断过程。顾客在主题餐厅的消费体验反映了他们在主题餐厅的文化身份（餐厅主题传达的文化含义），也会影响他们的消费心态和行为，最终影响顾客满意度。

很多研究结果证明顾客消费体验对其满意度存在影响，在餐厅顾客消费体验中，食物与价格是顾客满意度的直接影响因素。根据期望－失证理论和刺激－有机体－反应理论，具有高质量体验的顾客更可能对食品感到满意，这是顾客内部评价的结果；此外，体验价格公平性可能是影响顾客满意度和

---

① 汪侠，甄峰，吴小根，等. 旅游开发的居民满意度驱动因素——以广西阳朔县为例［J］. 地理研究，2010，29（5）：842－851.

② Oliver R L. Satisfaction: A Behavioral Perspective on the Consumer ［M］. New York: Irwin/McGraw-Hill, 1997.

行为意图的另一个因素（Bei et al.，2001；Xia et al.，2004；Andaleeb et al.，2006），具有高价格公平评估的顾客可能会增加他们对食品菜单的满意度。学者发现与菜单相关的体验效用对顾客满意度产生积极影响。[①] 研究结果表明，体验食品质量正向影响价格公平性和体验效用，价格公平性和体验效用显著正向影响顾客满意度。[②] 进一步来说，顾客的行为意图受顾客满意度的影响，顾客满意度在食品质量、价格公平性等消费体验和行为意图之间起到部分中介作用。研究指出游客对香港特别行政区的当地美食给予正面评价，并将香港特别行政区视为美食目的地。[③] 当地的食物和餐厅体验显著影响游客如何评价到访香港特别行政区的整体质量（Kivela et al.，2005）。对旅游目的地美食评价很高的游客也认为目的地有吸引力，并对他们的旅行表示整体满意。游客对当地美食体验的强烈欣赏会引发对目的地的情感认同和联系。通过吃当地食物获得的文化体验会让游客在旅行结束很久之后依旧可以留下对目的地的持久印象（Silkes et al.，2013），从而增加其未来的复购意愿。

除了食物与价格外，服务也是重要的满意度影响因素。服务组织（如餐厅）的员工服务水平直接影响顾客对服务组织的体验和购买意愿（Kelley et al.，1997；Parasuraman et al.，1988）。有学者在研究中指出，美国和中国的餐馆管理者认为应该重视周到服务和环境清洁，食物口味和服务可靠性是在美国的中餐馆成功的关键因素。[④] 总的来说，食物质量、服务可靠性和环境清洁是顾客服务改进和用餐后积极行为意图的三个关键属性。学者建议酒店服务由三个要素组成：物质产品、员工的行为和态度以及环境。[⑤] 学者还提出了三类出现在服务体验中的线索：功能线索（服务的技术质量）、机械线

[①] Lu L, Chi C G. An examination of the perceived value of organic dining [J]. International Journal of Contemporary Hospitality Management, 2018: 2826 – 2844.

[②] Konuk F A. The influence of perceived food quality, price fairness, perceived value and satisfaction on customers' revisit and word-of-mouth intentions towards organic food restaurants [J]. Journal of Retailing and Consumer Services, 2019, 50: 103 – 110.

[③] Choe J Y J, Kim S S. Effects of tourists' local food consumption value on attitude, food destination image, and behavioral intention [J]. International Journal of Hospitality Management, 2018, 71: 1 – 10.

[④] Liu Y, Jang S C S. Perceptions of Chinese restaurants in the US: What affects customer satisfaction and behavioral intentions? [J]. International Journal of Hospitality Management, 2009, 28 (3): 338 – 348.

[⑤] Reuland R, Choudry J, Fagel A. Research in the field of hospitality [J]. International Journal of Hospitality Management, 1985, 4 (4): 141 – 146.

索（服务环境中的非人类元素）和人为线索（服务员工的行为）。[①]

此外，餐厅的环境也直接影响顾客的体验。真正的美食和文化线索（例如装饰、音乐、服装和设计）可以有效地为顾客提供独特而真实的文化体验（Tsai et al.，2012）。员工的身体和人口特征（例如外貌、吸引力、种族、性别和制服）和行为（例如微笑和友善）也会影响顾客的看法和行为（Magnini et al.，2013；Mattila et al.，2008；Turley et al.，2000；Wu et al.，2016）。因此，餐厅管理者应根据对顾客满意度和行为意图的贡献，将有限的资源合理分配到餐厅属性上（Ebster et al.，2005）。

主题餐厅有别于常规餐厅，其主题元素的作用不可忽视。例如，民族餐厅的物理元素有助于提高顾客消费体验（Jang et al.，2011；Kim et al.，2016，2017）。在民族餐厅中，员工的民族背景与顾客的真实性体验之间存在正相关关系。顾客认为当食物由食物原产地居民准备和提供时，在民族餐厅的用餐体验更地道，说明服务在改善顾客对民族餐厅的体验真实性方面至关重要（Jang et al.，2011）。

基于这些研究，可以说餐厅的基本属性包括食物、价格、服务和环境；而主题餐厅还增加了主题这一属性。通过对就餐满意度和行为意图的文献回顾，发现这些要素都直接或间接地促进了顾客对餐厅体验的整体满意度及其餐后行为意图。

3.1.3　顾客满意度与行为意图的关系

3.1.3.1　一致性理论与顾客态度

一致性理论表明，当个人认为体验对象的特征与他们所持有的消费体验一致时，他们对体验对象产生积极态度的可能性会增加（Osgood et al.，1955）。一致性的概念包含服务/产品的不同元素之间的一致性（产品一致性）以及顾客与产品/旅游目的地之间的一致性（自我一致性）两个维度。

就产品一致性而言，先前关于零售中气味和音乐之间一致性的研究

---

① Berry L L, Carbone L P, Haeckel S H. Managing the total customer experience [J]. MIT Sloan Management Review, 2002, 43 (3): 85–89.

（Mattila et al，2001）以及广告与上下文之间的一致性的研究（Zanjani et al.，2011）表明，不同组成部分之间的一致性越高，越能为感受主体创造更高的回忆和识别水平以及更加正面的评价和更强烈的行为意图。游客在选择出行目的地和游览项目时，很可能根据自己对旅游目的地的消费体验来作出选择，这些消费体验是通过各种途径获取的碎片化信息积累形成的，不是一成不变的，因为游客在出行前通常会尽可能收集与出游相关的信息，这些获取的最新信息要么强化以往形成的印象，要么改变这些印象（Pike，2002），因为游客从前没有亲自去过旅游目的地，对旅游目的地特性缺乏足够的了解，所以产品元素的一致性成为其形成产品意向的重要因素（Leisen，2001）。

自我一致性则关注个体自我形象与产品（旅游目的地）形象之间的匹配程度（Sirgy et al.，2000）。顾客对商品的心理解释包括功能和象征两个方面（Kressmann et al.，2006；Mittal et al.，1990）。功能需要产品解决问题的能力（Helgeson et al.，2004）；象征则需要产品具有抽象的概念，可以为个人提供象征性的好处（Aaker et al.，2001）。象征解释了为什么一些顾客愿意为特定餐厅品牌提供的类似菜单支付比竞争品牌更高的价格。因此，培养突出的品牌特征可以成为与顾客建立持久联系的一种有意义的方式。以往研究发现，使用具有完善品牌特征的品牌可以让顾客表达他/她的自我（Belk，1988）、理想的自我（Malhotra，1988）或自我的特定特征（Kleine et al.，1993）。换句话说，自我一致性的概念认为，顾客更喜欢以其个性特征而闻名的品牌（Aaker，1999；Kassarjian，1971；Sirgy，1982）。因此，品牌特征可以作为区分品牌的机制（Halliday，1996），并且可以作为顾客偏好和购买决策的关键决定因素（Aaker et al.，1993；Ogilvy，1985）。即使顾客与他们的自我概念不一致，品牌的积极属性也很可能被顾客所接受。例如，即使是那些可能不认为自己非常友好或非常诚实的人，也可能仍然选择具备这些特征的品牌（Zentes et al.，2008）。按照这个逻辑，在自我一致性不明显的情况下，明确定义的品牌个性仍然可以增加品牌偏好。品牌个性与偏好相关的另一个原因是功能利益表现（Aaker，2012）。根据这一逻辑，品牌个性体验有助于顾客构建和组织品牌知识。因此，显著的品牌个性体验可以增强顾客对功能性品牌信息和功能性品牌利益的回忆（Hieronimus，2003；Zentes et al.，2008）。综上所述，顾客的自我形象与产品形象之间的匹配度越大，该顾客就越有可能产生对产品（目的地）有更高的积极态度（Hung et al.，2011；Sirgy et al.，2000）。

同时，影响顾客满意度的因素并不总是与影响顾客行为意图的因素一致。学者发现食物、气氛和座位顺序的公平性都是顾客整体用餐满意度的重要预测因素，但只有"食物质量"这个因素能够帮助研究者预测顾客餐后行为意图。① 在检查餐厅的食品质量时，有学者提出，食品温度对顾客满意度有显著影响，但对行为意图没有影响。② 相反，健康的选择是行为意图的直接决定因素，但不影响顾客满意度。因此，很有必要探究餐厅属性对顾客满意度和行为意图之影响。

3.1.3.2 顾客行为意图

行为意图（behavior intention）指个人的体验可能性或"个人将采取特定行为的主观概率"，也可以定义为消费者愿意进行某些行为（推荐、回购、抱怨、忠诚度和口碑）的可能性，是一个人制定有意识的计划以执行或不执行某些特定未来行为的程度（Fishbein et al.，1980）。行为意图的强弱代表顾客进行特定行为的概率大小，对概率的测量能够对顾客行为进行预测，对行为意图进行预测是提高顾客重复购买概率的关键手段。一般来说，行为意图分为正向意图和负向意图，正向意图提高顾客购买概率，反之，负向意图降低购买概率。学者认为高体验效用与满意度会激发顾客高消费意愿，进而带来较高的转介绍意愿（Oh，1999）。学者将顾客行为意图进一步分解为口碑传递、购买意愿、价格敏感度及抱怨行为等（Chen，2019）。根据理性行为理论③，行为意图是意志行为的动机成分，与行为本身高度相关。④ 游客的行为意图可以分为两个维度：推荐当地美食的意向和前往美食旅游目的地的意向（Guan，2012；Hsu et al.，2014；Im et al.，2012；Kim et al.，2014；Lee et al.，2011；Phillips et al.，2013；Ryu et al.，2010）。游客对当地食物的态度会积

---

① Sulek J M, Hensley R L. The relative importance of food, atmosphere, and fairness of wait: The case of a full-service restaurant [J]. Cornell Hotel and Restaurant Administration Quarterly, 2004, 45 (3): 235 – 247.

② Namkung Y, Jang S C. Does food quality really matter in restaurants? Its impact on customer satisfaction and behavioral intentions [J]. Journal of Hospitality & Tourism Research, 2007, 31 (3): 387 –409.

③ Ajzen I, Fishbein M. A bayesian analysis of attribution processes [J]. Psychological Bulletin, 1975, 82 (2): 261.

④ Jang S C S, Feng R. Temporal destination revisit intention: The effects of novelty seeking and satisfaction [J]. Tourism Management, 2007, 28 (2): 580 –590.

极影响他们向他人推荐当地食物和前往美食旅游目的地旅游的意愿。

尽管关于行为意图与实际行动之间的相关程度仍存在争论，但人们普遍认为行为意图是预测未来行为的合理变量（Quelette et al.，1998）。故而充分了解顾客用餐后积极行为意图的决定因素，有助于促进顾客形成对餐厅的正面评价、向他人推荐以及重复购买的概率，为餐厅从业者提供实用的指导。学者于 2006 年对顾客行为意图进行了归类，将其划分为 5 种形式：购买意愿、复购意愿、采购意愿、支出意愿和消费意愿。[①]

在旅游研究领域中，行为意图指游客是否有重复某种旅游活动的意愿，如游客在满意的前提下乐于重复游览旅游目的地（Kozak，2001），且出于顾客忠诚度而愿意接受更高的价格（Baker et al.，2000）。过往研究中往往将游客满意度、体验效用与旅游目的地服务质量作为消费体验与游客行为意图之间的中介变量来研究二者之间的关联结构，验证了旅游目的地消费体验正向影响游客行为意图（Chen et al.，2007）。也有很多学者指出游客出游前对目的地评价越正向，前往该地游览的概率就越大；游后的目的地体验评价越正向，则其重游意愿或向他人转介绍概率就越大（Baker et al.，2000）。

许多国家都认识到餐厅消费体验作为营销工具的重要性（Bessière，1998；Hall et al.，2003 年）。学者在报告中提出，游客享受韩国美食带来的对韩国的国家形象提升促使更多顾客前往韩国旅游。[②] 同样，学者也认为，食物原产国的正面形象是由游客对其食物的体验产生的，这种正面形象与游客重新访问并向他人转介绍目的地的意图相关。基于这些先前对食物目的地消费体验与行为意图之间关系的研究，学者认为游客的美食目的地形象影响他们推荐和前往美食旅游目的地的意愿（Choe，2018）。研究表明，对特定餐厅食物的积极态度会导致游客产生购买该食物并将其推荐给他人的意图。此外，游客的态度会影响他们选择或重游目的地的意图（Huang et al.，2009；Lee，

---

① Blackwell R D, Souza C, Taghian M et al. Consumer behaviour: An Asia Pacific approach [M]. Thomson, 2006.

② Kim S, Kim M, Agrusa J et al. Does a food-themed TV drama affect perceptions of national image and intention to visit a country? An empirical study of Korea TV drama [J]. Journal of Travel & Tourism Marketing, 2012, 29 (4): 313–326.

2009）。研究发现对韩国食品持积极态度的食客更愿意访问韩国。[①]

3.1.4 文化熟悉度影响了消费体验与顾客行为之间的关系

不同的文化背景对顾客行为的作用体现在两个方面：第一，先前知识影响尝试意愿；第二，文化影响了对不同民族食物的看法。

3.1.4.1 先前知识影响尝试意愿

作为体现顾客文化背景的一个方面，顾客对主题的熟悉程度往往在其体验和行为之间起到显著的调节作用。有学者在没有调查熟悉度对顾客真实性体验影响的情况下，认为真实性体验与行为意图之间的关系并不总是积极的，熟悉度在真实性体验和行为意图之间起调节作用。[②] 对于熟悉民族美食的顾客（例如熟悉中国菜的中国人），体验真实性与行为意图之间存在正相关关系。但是，对于不熟悉民族美食的顾客（例如不熟悉中国菜的美国人），则没有正相关关系。可能的原因是低知识顾客比高知识顾客更有可能使用外在线索（如民族餐厅的员工和其他顾客）来判断产品质量。然而，知识渊博的顾客有能力根据内在线索评估产品质量，如食物和菜肴的介绍。熟悉度在影响顾客的行为意图方面起着重要作用。

3.1.4.2 文化影响了对不同民族食物的看法

用餐者对不同民族食物的看法和评价可能因文化背景而异（Ares et al.，2016；Guerrero et al.，2009；Kim et al.，2014；Van Rijswijk et al.，2008）。学者调查了对苹果、牛肉、西蓝花、巧克力蛋糕、咖啡、鱼、炸薯条和牛奶等食品的看法的跨文化差异（Ares et al.，2016）。研究结果证实了文化差异在食品营销中的重要性，研究观察到顾客对每种食品的情感存在跨文化的巨大差

---

① Phillips W M J，Asperin A，Wolfe K. Investigating the effect of country image and subjective knowledge on attitudes and behaviors：US Upper Midwesterners' intentions to consume Korean Food and visit Korea［J］. International Journal of Hospitality Management，2013，32：49－58.

② Wang C Y，Mattila A S. The impact of servicescape cues on consumer prepurchase authenticity assessment and patronage intentions to ethnic restaurants［J］. Journal of Hospitality & Tourism Research，2015，39（3）：346－372.

异，游客对当地传统食物的看法因各自的文化背景而异。文化距离会对旅游食品消费产生影响（McKercher et al.，2001），因为游客会将自己的饮食文化与当地的饮食文化进行比较（Mak et al.，2012）。研究指出，顾客以前的被服务经验和知识可能会影响他们对服务或产品的评价（Devlin，2011；Klerck et al.，2007；Liljander et al.，2002）。顾客的先验知识有两种类型：主观知识和客观知识。主观知识也称为熟悉度，与个人认为他/她知道多少有关（Gursoy et al.，2004）。客观知识被定义为长期存储在他/她的记忆中的准确信息，客观知识可以通过使用以前的产品/服务或通过研究获得信息来开发（Brucks，1985）。基于上述信息，主观知识主要基于自我认知，如评价和判断，而客观知识则基于人们头脑中准确或真实的信息。很多学者在他们的研究中关注主观知识及客观知识（Ebster et al.，2005），也有很多学者强调有必要同时包括主观和客观类型来衡量顾客知识，然而，之前的研究没有同时考察顾客的主观和客观知识（Gursoy et al.，2004）。也有研究人员讨论了顾客知识对行为意图的影响（Ebster et al.，2005）。发现顾客对意大利文化的了解和体验越高，他们在意大利民族餐厅体验的真实性水平就越低。学者认为文化熟悉度显著增强了购买行为的意愿，因为降低了尝试民族食品的体验风险（Jang et al.，2015）。更具体地说，美国顾客对韩国文化的熟悉度越高，尝试韩国食品的意愿就越高。上述讨论表明，个体的知识水平及真实性体验与行为意图存在关系。

3.2　主题餐厅顾客消费体验与满意度的传导机理

3.2.1　跨文化主题餐厅顾客体验对顾客满意度的传导机理

3.2.1.1　顾客认知体验与情感体验相互影响

主题餐厅是一种将现实生活中某种文化元素进行浓缩和重叠的社会服务景观，是对特定文化元素的解构和重建。作为一种"文化加餐饮"的新型商业模式，顾客在主题餐厅的消费过程中通过各个方面体验餐厅提供的综合服务，进而形成独特的认知体验，而这种认知体验会促使顾客对餐厅形成特有的态度，即情感体验。

顾客对主题餐厅的情感体验又反向作用于认知体验，如顾客个人特征差异影响他们对主题餐厅的认知和满意度、顾客的主观消费经验和对餐厅的信息掌握情况与顾客对主题餐厅的认知体验相关。[①] 此外，顾客对餐厅的主题和菜品的期望直接影响顾客对食材品质、菜单、服务水平和消费成本合理预期的认可程度。

综上所述，顾客对主题餐厅的认知体验与情感体验相互作用，并最终形成总体消费体验。

3.2.1.2 顾客消费体验影响顾客满意度

主题餐厅的核心竞争力来自四个方面：一是餐厅主题对特定顾客群体产生了吸引力，对这部分顾客的需求给予了回应；二是餐厅环境与众不同，能够体现独特的文化主题；三是提供定制化的服务；四是服务和菜品设计与主题文化相呼应，另辟蹊径，避免低端的同质化市场竞争。主题餐厅的顾客消费体验分别从认知与情感两个维度影响了顾客满意度。例如，情境主题餐厅表演通过影响总体消费体验进而改善满意度（蔡晓梅等，2012）；王冬认为质量、服务、环境和文化因素是影响顾客体验的四个因素，这四个因素间接、正向影响主题餐厅服务品牌权益的品牌知名度、品牌形象和品牌沟通三个维度。[②] 顾客认知体验和情感体验显著影响服务品牌权益的品牌知名度和品牌形象。

3.2.1.3 跨文化背景下文化距离具有调节作用

文化背景的调节作用也同样出现在社会服务景观之中。学者注意到熟悉度调节了真实性体验和行为意图之间的关系（Wang et al., 2015）。员工的特征（即种族和性别）会影响顾客对服务失败的反应（Wu et al., 2016）。由于种族和基于性别的刻板印象，美国的西班牙裔女性经理（与白人女性经理相比）

---

① 李雪松，唐德荣，岳鸽. 主题餐厅消费意愿及其影响因素研究——基于重庆市 572 位顾客的调查数据 [J]. 技术经济与管理研究，2010（2）：71 - 74.

② 王冬. 顾客体验对主题餐厅服务品牌权益的影响研究 [D]. 沈阳：东北大学，2010.

造成的服务失败会产生更高水平的负面影响和行为意图。以中国的韩国食品为例，学者发现，中国顾客认为韩国人供应的韩国食品比中国人供应的韩国食品更正宗（Kim et al.，2016）。同样，在美国的一家韩国餐厅，韩国员工的出现显著提高了顾客对食物、员工和文化的真实性体验效用（Kim et al.，2017）。由此可见，关于菜肴的先前知识会对顾客体验真实性和行为意图产生影响。

综上所述，现有研究可以充分证明文化对消费体验与满意度之间存在调节作用，且这种调节作用非常显著。

基于上述推论，本书提出了主题餐厅顾客消费体验与顾客满意度的传导机制，如图 3 - 1 所示。

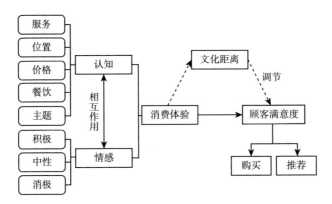

图 3 - 1　主题餐厅顾客消费体验与顾客满意度的传导机制

3.2.2　理论假设

基于上述分析，本书有如下假设：

假设 3 - 1　消费体验对顾客行为的影响。

主题餐厅体验性产品由有形产品（菜单、菜品、餐具、纪念品和价格等）、消费环境（包括外部环境和内部环境，其中，外部环境又包括交通便利性、建筑风格和品牌标识，内部环境又包括空间设计、装潢、室内装饰、灯光、色彩、装修材料和佐餐音乐）、餐厅服务（常规服务和主题服务）三个元素构成，顾客选择主题餐厅，是因为他们觉得主题餐厅的产品对他们构成了较强的吸引力，这种吸引力就是顾客产生消费或转介绍行为的动力。

因此，与功能性餐厅不同：（1）主题餐厅顾客消费体验涵盖了价格、服务、便利性、餐饮之外，还包括主题的呈现；（2）顾客总体消费体验对顾客满意度存在显著影响。

假设 3 - 2　文化距离的调节作用。

主题餐厅是内外部主体多维度构建与不断磋商的果实，是经营者根据顾客需求进行掌控和调节的产物，具有鲜明的塑造性、主动性和创造性。主题餐厅的构成元素在跨领域流动的生产与消费实践中，被赋予了丰富的含义。顾客对于主题餐厅的体验，既涵盖了传统功能性餐厅的感官体验，也包括了其对于文化的理解。不同文化距离让不同顾客获得了截然不同的消费体验。

因此，本书认为，不同的文化背景（也即不同文化距离）对主题餐厅的消费体验是存在影响的，具体表现在：（1）不同文化背景的顾客对主题餐厅的认知体验存在显著差异；（2）不同文化背景的顾客对主题餐厅的情感体验存在显著差异；（3）文化距离对消费体验与顾客满意度的影响存在调节作用。

第4章

主题餐厅大数据文本数据
采集与描述性分析

4.1 数据采集

4.1.1 平台网站的选取

为了保证主题餐厅文本数据采集的有效性，本书利用全球在线旅行社网站猫途鹰，从中选取约 200 家主题餐厅，利用数据爬虫收集平台网站中主题餐厅评论数据（过去 20 年以来来自不同国家、具有不同文化背景的所有顾客评论），并对获取的评论数据进行网络文本分析。

猫途鹰是全球访问量最大的旅游网站之一，为全球旅行者提供在线信息数据互享的平台（Ye et al.，2009；Leung et al.，2008）。此在线平台中收录了全世界各地的海量旅行信息，覆盖全球 190 多个国家的酒店、景点和餐厅等，从中可以获取来自世界各地、不同文化背景下的游客对中国主题餐厅的点评建议，其中北京、天津、上海、成都、南京、广州、西安、昆明、杭州、福州、香港特别行政区、厦门、台北和澳门特别行政区等最佳旅游城市或地区的餐饮文化氛围浓厚，主题餐厅信息丰富，可以获得全面的全世界所有国家语言文字的在线消费点评。除此之外，猫途鹰网站投入大量时间、精力和资金来识别筛选虚假点评，超百万的用户生成的庞大数据涵盖了日常生活中的吃、住、行、游、购、娱各个消费领域，同时，猫途鹰的全球定位使其拥有数量庞大的多元化文化背景顾客的消费评论（Zhou et al.，2014），为主题餐厅顾客消费体验研究提供了全方位、高质量的信息评论来源。

基于上述分析，本书利用数据爬虫技术抓取了猫途鹰平台中约 200 家主题餐厅的顾客在线评论数据，进行大规模的文本分析研究，以解构中国主题餐厅顾客的消费体验。在线评论能直观地反映出顾客的消费体验和满意度，同时精准抓住了顾客对主题餐厅的消费认知和消费情感两个维度，成为分析顾客消费体验最有效和最典型的形式。同时，海量的顾客评论数据为深度剖析消费体验提供了充足的一手材料，支撑进一步的数据挖掘与分析处理工作。

4.1.2 代表性主题餐厅的选取

本书选取猫途鹰平台中用户评选出的 14 个最佳旅游目的地（北京、天津、上海、成都、南京、广州、西安、昆明、杭州、福州、香港特别行政区、厦门、台北和澳门特别行政区）的主题餐厅顾客消费评论。国外顾客来自北美洲、亚洲、欧洲、大洋洲、南美洲。中国顾客评论来自全国各地。

选择主题餐厅数据搜集对象的标准：

（1）营业时间超过 1 年；

（2）真实重现具有特色和差异化的特定文化，如艺术性、文化性和历史性（Munsters et al.，2005），将特定地域、一段历史、一种风俗、一种体验等作为创造某种形式或特征的主题素材，使之成为主题餐厅的中心思想，为顾客提供特色文化体验的餐厅；

（3）顾客评论数量超过 5 条，且评论顾客至少来自 2 个不同国家或地区。

4.1.3 数据抓取与清洗

本书根据标准筛选出约 200 家主题餐厅，收集自 2009 年以来来自 139 个国家超过 3 万条评论，评论语言为英语、西班牙语、法语、德语、日语、韩语等 18 种语言，通过软件完全翻译为中文和英文进行分析。在这些评论当中，根据词频占比统计，筛选出同时具有关键核心词和情绪词的评论，从数据爬虫结果中选取覆盖餐厅主题、便利性、价格、餐饮、服务五个维度的文本数据 1 926 条，利用 Python 自带 Jieba 分词包对句子进行分词，进一步读取关键词与词频。

为了实现对主题餐厅消费体验的完整解构，笔者使用 Python 在所有评论文本中抓取出现频率最高的 1 000 个字符，再对字符进行缩减并且删除无意义字符（例如"的""是"和各种标点符号）。简单处理之后，根据词典分类整理意义相同或相近的词，比如可将"装修"和"装潢"进行归类，将高频词语个数从 1 000 个缩减至 69 个。然后通过数据爬虫，采集平台网站的约 200 家主题餐厅相关数据，进行数据清洗，对抓取的数据进行网络文本分析，然后，采用人工分类的方法对缩减后的 69 个认知关键词进行人工词性分类。将每个认知维度的关键词分为名词、形容词、方位词以及动词不同组别，基于顾客体验理论，将 69 个关键词分为认知维度和情感维度两大类。最终将主题餐厅认知维度分为五个方面：餐饮、服务、主题、价格和便利性；同时对顾客评论情感关键词梳爬整理，结合相关理论以及关键词处理结果，将情感维度划分为积极情绪、消极情绪以及中性情绪三个维度。

接下来，研究采用系统识别关键词自动打分，对数据清洗过的文本中的中国和亚洲其他国家、大洋洲、美洲、非洲和欧洲顾客情感维度进行分类及系统识别关键词自动打分，进而通过情绪分析对每个评价文本进行积极情绪、消极情绪以及中性情绪的分类，汇总后得到每个国家积极、中性和消极情绪的占比；然后根据顾客来源地将评论文本进行分类，对每个国家顾客的评论文本依照：9 分是"兴奋"、8 分是"喜欢"、7 分是"满意"、6 分是"舒服"、5 分是"接受、期待或平静"、4 分是"不舒服"，3 分是"遗憾"、2 分是"失望"、1 分是"愤怒"的规则，对顾客在"服务""餐饮""价格""便利性""主题"等方面的满意度进行评定；借助系统识别关键词自动打分得到对应的分数，将"愤怒、失望、遗憾、不舒服"划分为消极情绪，"接受、平静"划分为中性情绪，"期待、舒服、满意及兴奋"划分为积极情绪，进而对不同国家和地区的主题餐厅顾客的在线点评文本进行情绪分析。

在此基础上得到大洋洲、中国、欧洲、亚洲（中国除外）、非洲和美洲顾客的积极情绪、消极情绪和中性情绪的比例，对比分析三种情绪。最后，对同一国家或地区顾客的不同情绪特征进行对比分析。计算每一类评论文本的不同消费体验分值的均值、下四分位数、最大值、最小值及上四分位数，绘制每一类评论文本的箱线图，直观对比同一国家顾客的评分数据在不同情绪极性下的分布特征，揭示同一来源地顾客的不同情绪受不同体验维度的影响差异。

4.2 描述性分析

4.2.1 顾客来源分析

本书所采集、清洗、筛选出来的主题餐厅顾客样本来自中国和亚洲其他国家、大洋洲、美洲、非洲和欧洲（见表4-1），点评数总计38 214条，其中中国顾客点评数17 142条，国外各洲顾客点评数12 485条，其他来源顾客点评数8 587条，大部分顾客点评数来自中国，占比达44.86%。对于国外各洲而言，顾客点评数占比最多的洲是欧洲（10.29%），非洲是顾客点评数占比最少的洲，仅有0.48%。其原因可能是欧洲游客倾向于选择出国旅游；而非洲出国旅游的人数不多，因此来自非洲顾客的评论数明显少于其他地区顾客点评数。

表4-1 顾客总体分析

地区	省份	点评数（条）	百分比（%）
中国	国内各省及地区	17 142	44.86
	中国地区总计	17 142	44.86
国外	欧洲	3 929	10.29
	亚洲（中国除外）	3 741	9.79
	美洲	3 136	8.21
	大洋洲	1 497	3.92
	非洲	182	0.48
	国外各洲际总计	12 485	32.67
其他地区	其他	8 587	22.47
	其他总计	8 587	22.47
	总计	38 214	100.00

　　本书在线采集主题餐厅的国外顾客样本来自欧洲（英国、德国、意大利等）、亚洲（新加坡、印度、马来西亚等）、美洲（美国、加拿大、墨西哥等）、大洋洲（澳大利亚、新西兰、马里亚纳群岛等）以及非洲（南非、埃及、肯尼亚等），如表 4 - 2 所示。

表 4 - 2　　　　　　　　　　国外顾客分布

地区	国家	点评数（条）	百分比（%）
欧洲	英国	1 686	42.91
	德国	258	6.57
	意大利	252	6.41
	（最少）苏格兰/安道尔等 8 个国家或地区	1	0.03
	其他	1 725	43.90
	总计	3 929	100.00
亚洲	新加坡	1 196	31.97
	印度	729	19.49
	马来西亚	343	9.17
	（最少）阿曼苏丹/叙利亚等 7 个国家或地区	1	0.03
	其他	1 466	39.19
	总计	3 741	100.00
美洲	美国	2 540	80.99
	加拿大	422	13.46
	墨西哥	62	1.98
	（最少）巴哈马/哥斯达黎加等 7 个国家或地区	1	0.03
	其他	105	3.35
	总计	3 136	100.00
大洋洲	澳大利亚	1 313	87.71
	新西兰	176	11.76
	马里亚纳群岛	3	0.20
	（最少）所罗门群岛等 3 个国家或地区	1	0.07
	其他	2	0.13
	总计	1 497	100.00

地区	国家	点评数（条）	百分比（%）
非洲	南非	107	58.79
	埃及	16	8.79
	肯尼亚	10	5.49
	（最少）毛里塔尼亚/津巴布韦等11个国家或地区	1	0.55
	其他	38	20.88
	总计	182	100.00

对于欧洲地区而言，英国的顾客点评数最多，占欧洲地区的42.91%，来自苏格兰、安道尔等8个国家或地区的顾客评论数最少，只有1条评论，各占该地区总数的0.03%。

对于亚洲（中国除外）而言，评论数最多的国家是新加坡（31.97%），其次是印度（19.49%），再次是马来西亚（9.17%），顾客评论数最少的是阿曼、苏丹（0.03%）、叙利亚（0.03%）等7个国家或地区，其他顾客评论数据为1 466条，占该区评论总数的39.19%。

美国顾客点评数占美洲顾客评论总数的80.99%，远超该地区其他国家顾客点评数；而来自巴哈马、哥斯达黎加等7个国家或地区的顾客评论数最少，皆仅有1条，各占该地区评论总数的0.03%。大洋洲顾客评论数据统计中，最多的是来自澳大利亚的顾客的点评（87.71%）。

来自非洲的顾客评论统计中，来自南非的顾客点评数最多（58.79%），其次是来自埃及的顾客点评数（8.79%），点评数最少的是毛里塔尼亚、津巴布韦等11个国家或地区（0.55%）。

4.2.2　顾客评论分布

本书选取的国内主题餐厅共有187家，具体分布在香港特别行政区、中国台湾地区、上海市、澳门特别行政区、北京市等13个城市或地区，如表4-3所示。其中，香港特别行政区的主题餐厅数量最多，有34家，上海市位居第二，有28家主题餐厅，其次是北京市，有20家，江苏省、天津市、云南省的主题餐厅数量最少，分别有5家、5家、3家。

表 4 - 3　　　　　　　主题餐厅分布以及不同国家和地区的顾客评论总数　　　　单位：条

城市	评论总数	主题餐厅数量	中国顾客评论总数	欧洲顾客评论总数	亚洲（中国除外）顾客评论总数	美洲顾客评论总数	大洋洲顾客评论总数	非洲顾客评论总数	其他
香港特别行政区	9 913	34	3 047	1 574	1 286	933	748	54	2 271
中国台湾地区	9 294	18	5 351	147	556	261	74	11	2 894
上海市	5 330	28	1 666	936	554	796	238	46	1 094
澳门特别行政区	4 495	18	2 385	282	495	165	136	18	1 014
北京市	4 171	20	2 059	548	331	514	159	16	544
广东省	1 307	13	639	107	179	92	32	25	233
陕西省	1 152	19	527	103	137	157	51	3	174
四川省	929	11	592	80	54	87	18	3	95
浙江省	584	6	313	49	82	43	14	0	83
福建省	396	7	199	38	29	35	6	5	84
江苏省	344	5	204	37	18	22	10	1	52
云南省	178	3	78	22	14	22	8	0	34
天津市	121	5	82	6	6	9	3	0	15
总计	38 214	187	17 142	3 929	3 741	3 136	1 497	182	8 587

　　中国顾客点评数排名最前（前三）的主题餐厅来自中国台湾地区、香港特别行政区、澳门特别行政区，点评数排名最后（后三）的主题餐厅来自云南省、天津市、福建省。中国由于人口众多，近些年居民收入持续增长，所以每年出境游的中国游客也不断增长。根据旅游部门的统计，中国境外游首选地为亚洲地区，特别是中国大陆周边的地区和国家最受欢迎。其中，出境旅游目的地当中，同属中国的港澳台地区最受内地游客欢迎，所以选出的中国台湾地区、香港特别行政区、澳门特别行政区的主题餐厅数较多，国内顾客点评数也较多。

　　欧洲顾客与美洲顾客点评数排名最前（前三）的主题餐厅来源地一致，

分别来自香港特别行政区、上海市、北京市，点评数排名最后（后三）的主题餐厅来源地也一致，都来自江苏省、云南省、天津市。香港特别行政区、北京和上海是与国际接轨的大都会，生活风情包罗万象，几乎每个国家的人在这里都能够找到适合自己的生活方式，所以欧洲和美洲顾客对三个地区的主题餐厅点评数最多；而对于江苏省、云南省和天津市，因为选出的主题餐厅数较少，所以顾客点评数也较少。

亚洲（中国除外）顾客点评数排名最前（前三）的主题餐厅来自香港特别行政区、中国台湾地区、上海市，点评数排名最后（后三）的主题餐厅来自江苏省、云南省、天津市；大洋洲顾客点评数排名最前（前三）的主题餐厅来自香港特别行政区、上海市、北京市，点评数排名最后（后三）的主题餐厅来自云南省、福建省、天津市。

非洲顾客点评数排名最前（前三）的主题餐厅来自香港特别行政区、上海市、广东省，点评数排名最后（后三）的主题餐厅来自浙江省、云南省、天津市。

由上述分析可见，国内外顾客评论数较多的主题餐厅大部分位于香港特别行政区、北京、上海和中国台湾地区，而评论数最少的主题餐厅均是江苏省、云南省和天津市。

本书从网站采集的评论数据的时间跨度是 2009～2021 年，评论数量趋势随时间变化呈倒 U 形。2009～2014 年，中国顾客点评数呈缓慢的上升趋势，2011 年和 2012 年美洲和亚洲其他国家的顾客点评数稍增，其余年份点评数几乎为零，如表 4-4 所示。2008 年 9 月全球金融危机发生后，世界各国经济增速放缓，失业率激增，一些国家开始出现严重的经济衰退，同时也对中国经济产生了很大的影响，造成我国出口增长下降，经济增长放缓，就业形势严峻。猫途鹰网站 2000 年 2 月成立，2011 年上市，在此期间，猫途鹰网站一直在成长发展自身并扩大合作，产品服务较为单一，所以此阶段的主题餐厅点评数较少。2015～2016 年，不同国家和地区的顾客点评数均大幅度上升，中国、美洲、大洋洲、欧洲和亚洲顾客点评数均于 2016 年达到峰值。此次上升趋势可能归因于 2015 年 Tripadvisor 网站正式发布中国新战略和全新的官方中文名"猫途鹰"，并宣布了一系列战略举措，发力中国出境游市场。为更好地服务中国自助出境游客群，并于同年 8 月推出全新中文版 App，优化猫途鹰海量的全球旅游商户信息和点评内容，并陆续推出了一系列为中国用户打造的产品和服务，帮助用户在海外目的地旅行时减少语言障碍带来的挑战，获得更好的旅行体验。2017～2021 年，各个国家和地区的点评数又呈现下降的趋势。2017～2018 年全球经济形势仍然严峻复杂，全球经济增长动能减少，欧洲经济低速运行，复苏动能减弱；2019 年 12 月新冠疫情暴发，餐饮业受到巨大冲击。2019～2021 年国外地区顾客点评数迅速下降，直至 2021 年下降为 0。

表 4 - 4　不同国家和地区的顾客历年来的评论总数对比（2009～2021 年）　单位：条

年份	中国顾客	美洲顾客	大洋洲顾客	非洲顾客	欧洲顾客	亚洲（中国除外）顾客	未知
2009	1	1	0	0	0	1	1
2010	6	6	4	0	3	3	2
2011	26	25	20	1	16	23	31
2012	123	41	20	0	0	36	31
2013	414	0	1	0	1	2	16
2014	436	4	0	0	5	5	51
2015	1 681	747	366	47	892	829	1 065
2016	4 886	1 206	539	49	1 446	1 397	2 522
2017	3 635	777	394	57	1 085	973	2 649
2018	2 371	205	110	17	311	286	1 160
2019	2 340	117	42	10	122	170	816
2020	969	7	1	1	18	16	198
2021	254	0	0	0	0	0	45
总计	17 142	3 136	1 497	182	3 929	3 741	8 587

　　中国顾客、美洲顾客、欧洲顾客以及亚洲（中国除外）顾客在同一年度 12 个月的点评数变化不是很大（见表 4 - 5）。中国顾客在 1 月、7 月和 8 月点评数最多，分别有 1 681 条、1 510 条和 1 611 条。由于 1 月、7 月、8 月正值寒暑假，7 月和 8 月旅游人数达 10 亿人次，占全年游客数量的 1/5，"火炉"城市居民整体出游意愿达 82.1%，出游需求大，避暑旅游市场需求进一步增加，所以主题餐厅点评数相对较多。在 2 月和 9 月点评数最少。2 月正值中国的春节期间，一年一度的传统节日，大部分人选择与家人团聚；9 月是开学季，旅游人数减少，所以点评数相对下降。美洲顾客在 4 月、5 月和 7 月评论总数最多，在 12 月到次年 1 月点评数最少，美洲的旅游旺季在夏季和春季前

后，春假在 3 月、4 月出行较多，暑假在 6 月末到 9 月初出行旅客较多，旅客出游会倾向于避开寒冷的冬季，所以 1 月、2 月和 12 月点评数较少；大洋洲顾客在 4 月、5 月和 6 月点评数最多，在 2 月、8 月和 12 月点评数最少，3~5 月是澳大利亚的秋季，这个时候澳大利亚早晚温度一般在 10℃~15℃，正午温度在 25℃~30℃，干湿适中，非常适合出游，9~11 月是春季，温差较大，1~2 月正值夏季，正午气温最高可达 45℃甚至 50℃，而冬季的澳大利亚天气湿冷，阴天多，降雨多，因此不太适合出游，所以 2 月、12 月点评数较少。非洲顾客在 3 月、4 月和 5 月点评数最多，在 2 月、7 月和 12 月点评数最少；欧洲顾客在 3 月、4 月和 5 月点评数最多，在 2 月、10 月和 12 月点评数最少，欧洲的旅游旺季是春季到秋季，从每年的 4 月到 10 月，气候温和，适合出游；亚洲（中国除外）顾客在 4~6 月评论总数最多，在 2 月和 8 月评论总数最少；3~5 月是亚洲各个国家的春季，舒适温暖，适合出游，2 月和 8 月正值冷冬和酷夏，大部分旅客选择避免出游。

表 4-5　　　不同国家和地区的顾客在同一年中 1~12 月的评论总数对比　　　单位：条

月份	中国顾客	美洲顾客	大洋洲顾客	非洲顾客	欧洲顾客	亚洲（中国除外）顾客	未知
1 月	1 681	206	114	14	291	275	734
2 月	1 156	162	52	7	216	178	547
3 月	1 376	256	104	16	353	325	678
4 月	1 383	361	198	33	534	440	801
5 月	1 438	305	168	23	394	384	828
6 月	1 389	304	168	15	326	401	789
7 月	1 510	337	150	10	341	356	800
8 月	1 611	254	91	14	335	271	701
9 月	1 339	263	137	14	341	290	670
10 月	1 375	233	102	11	253	232	613
11 月	1 460	276	131	15	322	290	710
12 月	1 424	179	82	10	223	299	716
总计	17 142	3 136	1 497	182	3 929	3 741	8 587

第5章

主题餐厅顾客消费体验
解构及其差异分析

本书根据消费体验理论,对来自中国、美洲、欧洲、大洋洲和亚洲(中国除外)5个国家和地区的主题餐厅顾客开展研究,重点分析这些顾客在不同国家、不同文化背景下的消费体验差异、产生差异的具体原因以及不同文化背景下顾客消费体验和满意度关系间的调节作用。其中,第一部分通过关键词分析法对不同国家和地区顾客消费体验进行解构,将消费体验解构为认知和情感两个维度;第二部分通过社会网络分析法探究不同国家或地区顾客的消费体验差异形成的原因,研究其关联性,并采用情绪分析法探索跨文化顾客的消费体验所对应的情绪特征。

5.1 主题餐厅顾客消费体验解构——关键词分析

5.1.1 问题提出

在传统研究领域,很多文献验证了消费体验显著影响顾客行为和购买决策(Um et al., 1990; Asunciòn et al., 2004)。在主题餐厅的相关研究中,学者们通常把消费体验作为整体变量进行研究,不仅从体验发生的顺序上探讨影响顾客消费体验的因素(Meng et al., 2017),而且对消费体验如何影响顾客满意度进行了研究。例如，在对广州味道云南食府的消费体验研究中，发现顾客对主题餐厅的表演维度体验会影响其认知价值，进而影响其满意度（蔡晓梅等，2012）。同时，一篇研究厦门主题餐厅文化氛围营造的文献指出，顾客通过对餐厅文化氛围的知觉感受餐厅主题，产生一定的情感，最终影响顾客的满意度（陶文静，2014）。除此之外，还有学者研究发现，主题餐厅的灯光、背景音乐、空间布局、功能以及员工亲和力等，会影响顾客积极感受和情感的产生，表明顾客消费体验将从不同维度对顾客行为和决策产生作用。

以上研究表明，主题餐厅作为一种以体验为主的消费空间，顾客消费体验严重影响其满意度、忠诚度和再次光顾餐厅可能性。顾客对主题餐厅的消费体验受到不同因素的影响，然而，以往仅有少数学者注意到应该关注消费体验的构成，尤其缺乏对于消费体验的维度解构相关研究。互联网的信息共享特征为顾客消费体验的多维度分析提供了大量在线点评数据，可以进行具体维度以及每个维度的重要程度的分析，为主题餐厅业内管理者刻画更加真实的目标群体画像，亦可为主题餐厅行业进行市场定位的战略制定提供参考价值。因此，下文将采用关键词分析法，解构顾客消费体验的具体维度，对主题餐厅行业市场目标定位具有借鉴意义。

5.1.2 不同国家与地区顾客消费体验解构

5.1.2.1 不同国家与地区顾客的认知体验

本节对中国、亚洲（中国除外）、欧洲以及美洲顾客的认知维度进行解构，即对主题餐厅的服务、便利性、餐饮、价格、主题和消费目的六个方面进行词频统计、词性划分（名词、形容词/方位词或动词），进一步解构不同国家或地区顾客的认知体验的异同。

中国顾客对主题餐厅的认知体验中，主要包括服务、便利性、餐饮、价格、主题五个方面，如表5-1所示。为刻画不同消费目的的差异，研究还将消费目的作为一个重要名词进行整理。在五个方面中，首先受中国顾客关注的维度是"服务"，词频占比为72.4%，认知维度包括餐厅周边环境、空气质量、内饰陈列、装修风格、等位时间等。可见中国顾客侧重于服务体验，即针对服务对象的感受，体现在所提供服务的形式上，对于有形服务和无形服务两方面产生相应心理活动。其次受到中国顾客关注的维度是"便利性"，词频占比为 13.44%，认知维度由地理位置、交通方式、便利、酒楼、咖啡店构成。可以看出中国顾客较侧重外部环境认知。"餐饮"（7.61%）的认知维度包括数量、特色、味道、小吃、摆盘、菜品结构等，同时中国顾客还把关注点放在产品体验维度上，即顾客对主题餐厅的菜品味道、口感程度、菜品种类、营养价值、菜品性价比等方面有所考量。"价格"（5.93%）的认知维度包括价值、价格高低、促销等，由此可知中国顾客的关注点集中在成本体验方面，即菜品价格的合理性、价格标识是否明确以及不定期的促销活动等。"主题"的认知维度包括类型、历史、民族、品牌、素食、文创、怀旧、中式、米其林、受关注程度、等级等，属于独特性服务体验，如主题餐厅具有特色的程度、菜品是否富有创意、餐厅装修独特性、与主题是否呼应、餐厅名字是否具有特色等。"消费目的"的认知维度包括回忆、亲友、商务、探店等。

表 5-1 　　　　　　　　　　中国顾客认知体验来源

维度	词频占比（%）	名词	形容词/方位词	动词
服务	72.43	店员、前台、态度、设备、氛围、风景、家具、建筑、空气、装修	—	等位、接待
便利性	13.44	地点、地铁、公交出租、酒楼、咖啡馆	便利	—
餐饮	7.61	酒水、食材、食物、食物原料、类型、数量、特色、味道、小吃、主菜	—	摆盘
价格	5.93	价值	便宜、贵	促销
主题	0.46	类型、历史、民族、品牌、素食、文创、米其林、人气、等级	怀旧、中式、出名	—
消费目的	0.13	回忆、家人、朋友、商务、时间	—	尝试、旅游

表 5-2 从亚洲（中国除外）顾客的关注点出发，刻画了其对主题餐厅的认知体验，具体包括服务、便利性、餐饮、价格、主题和消费目的六个方面。亚洲（中国除外）顾客关注程度最高的一项是"服务"，词频占比为74.48%，认知维度包括工作人员的服务态度、相关设施、氛围、风景、家具、建筑、空气、装修等。亚洲（中国除外）顾客关注服务和内部环境，注

重餐厅布局是否合理、内部是否干净整洁、用餐氛围是否令人舒适等。其次受到亚洲（中国除外）顾客关注的是"便利性"，词频占比为16.04%，认知维度由地点、地铁、公交出租、酒楼、咖啡店构成，亚洲（中国除外）顾客同样关注主题餐厅的外部环境体验，关注餐厅周围的交通是否便利等情况。"主题"的认知维度包括类型、历史、民族、品牌、素食、文创、米其林、人气、等级等，亚洲（中国除外）顾客侧重于主题餐厅是否装修独特、与主题呼应、名字的独特性等。"餐饮"（4.84%）的认知维度包括酒水、食材、原料、类型、数量、特色等。"价格"（4.25%）的认知维度包括价值、价格高低、促销等。"消费目的"的认知维度包括时间、休闲旅游、探店等。同样，亚洲（中国除外）顾客对成本的关注度较低，不太关注菜品价格是否合理、价格标识是否明确、是否有不定期的促销活动等。

表5-2　　　　　　　　　　亚洲（中国除外）顾客认知体验来源

维度	词频占比（%）	名词	形容词/方位词	动词
服务	74.48	态度、店员、前台、设备、氛围、风景、家具、建筑、空气、装修	—	等位、接待
便利性	16.04	地点、地铁、公交出租、酒楼、咖啡店	便利	—
餐饮	4.84	酒水、类型、食材、食物、食物原料、数量、特色、味道、小吃、主菜	—	摆盘
价格	4.25	价值	便宜、贵	促销
主题	0.33	类型、历史、民族、品牌、素食、文创、米其林、人气、等级	怀旧、中式、出名	—
消费目的	0.05	回忆、家人、朋友、商务、时间	—	尝试、旅游

表5-3从欧洲顾客的关注点出发，刻画了其对主题餐厅的认知体验，具体包括服务、便利性、餐饮、价格、主题和消费目的六个方面。欧洲顾客关注程度最高的一项是"服务"，词频占比为74.64%，认知维度包括工作人员的服务态度、相关设施、服务的效率、氛围、风景、家具、建筑、空气、装修，欧洲顾客同样关注服务体验和内部环境体验。其次受到欧洲顾客关注的是"便利性"，词频占比为13.3%，认知维度由地理位置、交通方式、便利、

酒楼、宾馆构成，欧洲顾客倾向于去交通便利、地理位置优越、周围商业圈繁华并且方便入住的主题餐厅就餐。再次，"餐饮"也是欧洲顾客非常关心的方面（6.80%），认知维度包括酒水、食材、原料、类型、数量、特色、味道、小吃、摆盘、菜品结构等，欧洲顾客对产品体验的关注度高于亚洲顾客，因为欧洲与亚洲的饮食习惯、风俗文化等都有一定的差异，所以欧洲顾客相较于亚洲顾客倾向于感受中国主题餐厅的菜品味道、口感、菜品种类、营养搭配等。"价格"（4.91%）的认知维度包括价值、价格高低、促销等。"主题"的认知维度包括类型、历史、民族、品牌、素食、文创、中式、受关注程度、等级等。由于欧洲顾客对中国的历史、文化等方面不了解，所以关注程度有所降低。"消费目的"的认知维度包括回忆、亲友、时间、休闲旅游、探店等。

表 5 - 3　　　　　　　　　　　欧洲顾客认知体验来源

维度	词频占比（%）	名词	形容词/方位词	动词
服务	74.64	态度、店员、前台、设备、氛围、风景、家具、建筑、空气、装修	—	等位、接待
便利性	13.30	地点、地铁、酒楼、宾馆	便利	—
餐饮	6.80	酒水、类型、食材、食物、食物原料、数量、特色、味道、小吃、主菜	—	摆盘
价格	4.91	价值	便宜、贵	促销
主题	0.26	类型、历史、民族、品牌、素食、文创、人气、等级	中式、出名	—
消费目的	0.08	回忆、家人、朋友、时间	—	尝试、旅游

表 5 - 4 从美洲顾客的关注点出发，刻画了其对主题餐厅的认知体验，具体包括服务、便利性、餐饮、价格、主题和消费目的六个方面。美洲顾客关注程度最高的一项是"服务"，词频占比为 79.12%，认知维度包括工作人员的服务态度、相关设施、服务的效率、氛围、风景、家具、建筑、空气、装修、餐厅周边、空气质量、内饰陈列、装修风格等。美洲顾客相较于中国、亚洲（中国除外）、欧洲的顾客而言，对服务体验的关注度最高，美洲顾客更强调专业的服务和餐厅的内部环境。其次受到美洲顾客关注的是"便利性"，

词频占比为14.08%，认知维度由地理位置、交通方式、便利构成。美洲顾客比中国、欧洲顾客更侧重于外部环境体验，在乎主题餐厅周围是否交通便利等。再次，"餐饮"（3.99%）的认知维度包括酒水、食材、原料、类型、数量、特色、味道、小吃、摆盘、菜品结构等，相较于其他国家和地区的顾客，美洲顾客对产品体验的关注度较低，他们主要享受服务和环境。"价格"（4.91%）的认知维度包括价值、价格高低、促销等，美洲顾客对成本体验的关注度不高。"主题"的认知维度包括类型、中式等。"消费目的"的认知维度包括商务等。

表5-4　　　　　　　　　　美洲顾客认知体验来源

维度	词频占比（%）	名词	形容词/方位词	动词
服务	79.12	态度、店员、前台、设备、氛围、风景、家具、建筑、空气、装修	—	等位、接待
便利性	14.08	地点、地铁、公交出租	便利	—
餐饮	3.99	酒水、类型、食材、食物、数量、特色、味道、小吃、主菜	—	摆盘
价格	2.71	价值	便宜、贵	促销
主题	0.06	类型	中式	—
消费目的	0.03	商务	—	—

从服务、便利性、餐饮、价格、主题和消费目的六个方面来看，中国顾客的认知体验和亚洲（中国除外）顾客的认知体验相似度极高，与美洲、欧洲顾客的认知体验存在一定相似性，但也体现出不可忽视的差异。这可能是由于中国也属于亚洲地区，亚洲文化背景有差异性也有相同点，中华文化在亚洲各国之间以不同的形式呈现，而中国与欧洲、美洲在饮食文化、思维方式、生活态度等方面相差较大，所以认知体验也存在一定的差异。中国、亚洲（中国除外）、欧洲和美洲在"服务""便利性""餐饮""价格""主题"和"消费目的"六个维度的关注度排序是一致的，均认为"服务"是影响顾客对主题餐厅认知体验的最关键的维度，其后是"便利性"，对"价格""主题"和"消费目的"的关注度均较低。

除此之外，在服务、便利性、餐饮、价格、主题和消费目的六个方面中，中国顾客相较于其他国家和地区顾客而言,对"服务"和"便利性"的关注度稍低一些,对"餐饮""价格""主题"和"消费目的"的关注度略高一些,与其他国家顾客相比,中国顾客会把一部分关注度放在菜品味道、口感、种类、性价比和餐厅的独特性服务上。亚洲(中国除外)顾客对"便利性"的关注度最高,对"消费目的"的关注度较低,他们更关注主题餐厅的外部环境因素。欧洲顾客对"餐饮"和"价格"的关注度排第二,仅次于中国顾客,他们侧重于产品和成本感受。美洲顾客对"服务"占的认知比例最大,达到79.12%,对"价格"和"主题"的关注度最小,仅有0.06%,由于美洲和中国的文化背景差异较大,美洲顾客可能对中国文化背景的不了解,所以对"主题"的关注度会较低,他们选择把关注度更多地放在服务体验上,所以对"价格"的关注度也会下降。

5.1.2.2　不同国家与地区顾客的情感体验

本节对中国、亚洲(中国除外)、欧洲以及美洲顾客的情感维度进行解构,即对不同来源地的顾客的积极情绪、中性情绪和消极情绪等不同情感倾向进行词频统计,进一步解构不同国家或地区、不同文化背景下顾客的情感体验的异同。

如表 5-5 所示,虽然中国、亚洲(中国除外)、欧洲及美洲的顾客的积极情绪、中性情绪及消极情绪的占比不同,但不同国家和地区顾客的几种情感维度的占比排序是一致的,积极情绪占比最大,消极情绪次之,最后是中性情绪。中国顾客相较于其他国家顾客,"积极情绪"的表现占比最大,"中级情绪"和"消极情绪"的表现占比最小,可能由于中国主题餐厅对中国顾客而言,他们更加熟悉本国的历史文化、饮食习惯等各个方面,所以对主题餐厅的包容度较高,较少表现自身的中级情绪和消极情绪。亚洲(中国除外)顾客的中级情绪和消极情绪占比均排第二,说明亚洲(中国除外)顾客对中国主题餐厅的情感体验稍偏消极。欧洲顾客对主题餐厅的积极情绪占比排第二,中国主题餐厅的饮食习惯和风俗文化可以被欧洲顾客所接受。在"中性情绪"和"消极情绪"维度分布最多的是美洲顾客,分别占 16.98% 和 21.91%,可见其对中国主题餐厅的菜品本身、服务方面、环境因素等的接受度不高,对中国主题餐厅的评论较为负面。

表 5 – 5   不同国家和地区顾客的情感维度词频占比   单位：%

情感	中国	亚洲（中国除外）	欧洲	美洲
积极情绪	43.22	40.24	41.57	38.27
中性情绪	10.30	13.23	12.67	16.98
消极情绪	14.12	19.57	17.80	21.91
未知	32.36	26.96	27.96	22.84

5.1.3　消费体验的多维度分析

　　本节通过分析在服务、便利性、餐饮、价格、主题和消费目的这六个维度的消费体验，进一步对不同国家或地区顾客对认知和情感的关系进行对比分析，实现对消费体验各个维度在不同国家和地区顾客间的解构。

　　表 5 – 6 揭示了不同国家和地区顾客对"服务"的认知和情感的异同。首先，本书从名词、形容词以及动词来分析不同国家和地区顾客对"服务"的认知。从认知维度来看，中国顾客和其他洲际顾客对"服务"的认知较为一致，其关注点均主要放在人员服务和餐厅内部环境上，所提及的关键词及频次顺序也较一致，说明各个国家和地区的顾客均较为注重服务和环境。而从情感维度来看，中国顾客和其他洲际顾客对"服务"的情感较为一致，频次顺序在四个国家和地区的顾客间依次为积极情绪、消极情绪和中性情绪，说明各个国家和地区的顾客对中国主题餐厅的情感偏积极。

表 5 – 6   服务的消费体验（按频次排列）

国家（地区）	认知			情感
	名词	形容词	动词	
中国	态度、店员、前台、设备、氛围、装修、建筑、风景、家具、空气	—	等位接待	积极情绪消极情绪中性情绪
欧洲	态度、店员、前台、设备、氛围、装修、风景、建筑、家具、空气	—	等位接待	积极情绪消极情绪中性情绪

国家（地区）	认知			情感
	名词	形容词	动词	
亚洲 （中国除外）	态度、店员、前台、设备、氛围、装修、风景、家具、建筑、空气	—	等位接待	积极情绪 消极情绪 中性情绪
美洲	态度、店员、前台、设备、氛围、装修、风景、家具、建筑、空气	—	等位接待	积极情绪 消极情绪 中性情绪

表5-7揭示了不同国家和地区顾客对"便利性"的认知和情感的异同。首先，本书从名词、形容词以及动词来分析不同国家和地区顾客对"便利性"的认知。从名词来看，中国、亚洲（中国除外）和美洲的认知中提及的前四个关键词频次顺序较为一致，均为"地点""地铁""公交""出租车"，可见这三个国家和地区的顾客更倾向于体验主题餐厅的外部环境，餐厅周围的交通是否便利，乘坐交通工具是否可以到达；而欧洲顾客认知维度中，名词词频排序为"地点""地铁""酒楼""宾馆"，交通方式中"公交""出租车"提及较少，他们除了注重交通是否便利，还注重主题餐厅周围是否有适合住宿的环境；从形容词来看，四个国家和地区的顾客较为一致地认可"便利"的重要性，外部环境体验对顾客的认知体验较为重要。从情感维度来看，中国顾客和其他洲际顾客对"便利性"的情感体验较为一致，频次顺序在四个国家和地区的顾客间具体为积极情绪、消极情绪和中性情绪。由此可见，各个国家和地区的顾客在中国主题餐厅的"便利性"消费体验方面，评论较为积极。

表5-7　　　　　　　　**便利性的消费体验（按频次排列）**

国家（地区）	认知			情感
	名词	形容词	动词	
中国	地点、地铁、公交、出租、酒楼、咖啡店	便利	—	积极情绪 消极情绪 中性情绪

国家（地区）	认知			情感
	名词	形容词	动词	
欧洲	地点、地铁、酒楼、宾馆	便利	—	积极情绪 消极情绪 中性情绪
亚洲（中国除外）	地点、地铁、公交、出租、酒楼	便利	—	积极情绪 消极情绪 中性情绪
美洲	地点、地铁、公交、出租	便利	—	积极情绪 消极情绪 中性情绪

表 5-8 揭示了不同国家和地区顾客对"餐饮"的认知和情感的异同。首先，本书从名词、形容词以及动词来分析不同国家和地区顾客对"餐饮"的认知。从名词来看，顾客对"餐饮"的认知较为丰富，不同国家和地区顾客对"餐饮"的关注点总体一致，普遍会关注主题餐厅的食材、原料、类型、数量、特色、味道、小吃、摆盘、酒水、菜品结构等。中国顾客和欧洲顾客在评论中会提及主题餐厅的"食材""味道"和"主菜"，而亚洲（中国除外）顾客和美洲顾客更关注主题餐厅的"特色"，欧洲和美洲顾客也会关注"酒水"，各个国家和地区顾客对餐饮的侧重点不同，这都源于不同国家的地域文化、餐饮习惯等的不同；从动词来看，中国、欧洲和美洲顾客会关注主题餐厅的"摆盘"，而亚洲（中国除外）顾客对"餐饮"的认知不包含该项。从情感维度来看，四个国家和地区的顾客对"餐饮"的情感较为一致，频次顺序在四个国家和地区的顾客间具体为积极情绪、消极情绪和中性情绪，均对中国主题餐厅的产品消费体验较好。

表 5-8　　　　　　　　　　餐饮的消费体验（按频次排列）

国家（地区）	认知			情感
	名词	形容词	动词	
中国	食材、食物、味道、主菜、小吃、数量、特色、类型、食物、原料、酒水	—	摆盘	积极情绪 消极情绪 中性情绪

续表

国家（地区）	认知			情感
	名词	形容词	动词	
欧洲	食材、食物、味道、主菜、小吃、特色、类型、酒水、食物、原料、数量	—	摆盘	积极情绪 消极情绪 中性情绪
亚洲（中国除外）	食材、食物、味道、主菜、特色、类型、数量、小吃、酒水	—	—	积极情绪 消极情绪 中性情绪
美洲	食物、食材、味道、特色、主菜、酒水、类型、数量、小吃	—	摆盘	积极情绪 消极情绪 中性情绪

　　表 5-9 揭示了不同国家和地区顾客对"价格"的认知和情感的异同。首先，本书通过名词、形容词以及动词来分析不同国家和地区的顾客对"价格"认知。从认知维度来看，四个国家和地区的顾客在评论中均提及了名词"价值"；形容词"便宜"和"贵"还有动词"促销"，在顾客消费体验中，四个国家和地区的顾客均注重成本中的货币成本，即菜品价格是否合理、价格标识是否明确和是否有不定期的促销活动等。从情感维度来看，中国顾客和其他洲际顾客对"价格"的情感较为一致，频次顺序在四个国家和地区的顾客间具体为积极情绪、消极情绪和中性情绪，表明顾客对价格的消费体验较为积极。

表 5-9　　　　　　　　　　　价格的消费体验（按频次排列）

国家（地区）	认知			情感
	名词	形容词	动词	
中国	价值	便宜 贵	促销	积极情绪 消极情绪 中性情绪
欧洲	价值	便宜 贵	促销	积极情绪 消极情绪 中性情绪

国家（地区）	认知			情感
	名词	形容词	动词	
亚洲（中国除外）	价值	便宜贵	促销	积极情绪 消极情绪 中性情绪
美洲	价值	便宜贵	促销	积极情绪 消极情绪 中性情绪

　　表5-10揭示了不同国家和地区顾客对"主题"的认知和情感的异同。首先，本书通过名词、形容词以及动词来分析不同国家和地区顾客对"主题"的认知。从名词来看，中国顾客和其他洲际顾客对"主题"的认知关注点存在不同，重要性程度也体现出很大的差异，中国和欧洲顾客对"主题"的认知范围较为广泛，主要包括素食、类型、民族、品牌、历史、文创、人气、等级、米其林等主题，差异体现在中国顾客更加关注"素食"主题，而欧洲顾客则相对更在意"历史"主题；随着中国社会发展和人们健康意识不断提高，越来越多的素食主义者开始出现，并且伴随着素食群体不断扩大，餐厅也正在发生改变，不断重视素食主义者的需求，为顾客提供素食，所以中国顾客更加关注"素食"主题。亚洲（中国除外）和美洲顾客对主题餐厅"主题"的认知较为单一，美洲顾客只关注"类型"和"文创"主题，亚洲（中国除外）顾客同时喜欢有"民族"特色的餐厅，部分顾客倾向"素食"主义。从形容词来看，中国顾客认为"怀旧""出名"和"中式"主题更加有吸引力，欧洲顾客仅关注"中式"和"出名"风格，而亚洲顾客仅偏好于"出名"风格，中国、欧洲和亚洲（中国除外）的顾客均比较关注主题餐厅是否出名，可能认为有名的主题餐厅在顾客体验效用方面比其他餐厅更胜一筹。从情感维度来看，中国顾客和其他洲际顾客对"主题"的情感较为一致，频次顺序在四个国家和地区的顾客间具体为积极情绪、消极情绪和中性情绪，对餐厅主题的情感较偏积极。

表5-10　　　　　　　　　主题的消费体验（按频次排列）

国家（地区）	认知			情感
	名词	形容词	动词	
中国	素食、类型、民族、品牌、历史、文创、人气、等级、米其林	怀旧、中式、出名	—	积极情绪 消极情绪 中性情绪
欧洲	类型、民族、历史、品牌、素食、文创、人气、等级	中式、出名	—	积极情绪 中性情绪 消极情绪
亚洲（中国除外）	民族、类型、素食、历史、人气	出名	—	积极情绪 消极情绪
美洲	类型、文创	—	—	积极情绪 消极情绪

表5-11揭示了不同国家和地区顾客对主题餐厅"消费目的"的认知和情感的异同。首先，本书从名词、形容词以及动词来分析不同国家和地区顾客对"消费目的"的认知。从名词来看，中国和亚洲（中国除外）的顾客对消费目的的认知较为丰富，在评论中均提及了"朋友""家人""时间"和"回忆"，欧洲顾客在"消费目的"中强调了陪伴"家人"的重要性，他们更倾向于与家人朋友在餐厅中消磨时间、回忆过往，而美洲顾客的消费需求主要集中在"商务"领域，在主题餐厅消费是他们进行相关商业事务商讨的媒介；从动词来看，中国、欧洲及亚洲（中国除外）的顾客都强调了以"旅游"为目的的主题餐厅消费，在外出游览、观光和娱乐的途中去主题餐厅进行消费。从情感维度来看，四个国家和地区的顾客的情感倾向体现了较大差异，其中中国和欧洲顾客则在情绪表达上更为丰富，有"积极情绪""中级情绪""消极情绪"三种情感体验，而亚洲（中国除外）顾客和美洲顾客仅表达了"积极情绪"，可能由于美洲顾客的主要旅游方式是商务旅游，他们较少把情感放在体验主题餐厅的消费目的之上，所以情感较为单一。

表 5 - 11   消费目的的消费体验（按频次排列）

国家（地区）	认知			情感
	名词	形容词	动词	
中国	朋友、时间、家人、商务、回忆	—	尝试、旅游	积极情绪 中性情绪 消极情绪
欧洲	家人	—	旅游	积极情绪 中性情绪 消极情绪
亚洲（中国除外）	家人、时间、朋友、回忆	—	尝试、旅游	积极情绪
美洲	商务	—	—	积极情绪

5.1.4 分析结论

本章根据消费体验理论，将主题餐厅的顾客消费体验解构为认知和情感两个维度，并以此对文本挖掘的关键词进行进一步归纳。本章采用关键词分析的方法，发现主题餐厅顾客的认知可归纳为五个维度，具体包括服务、便利性、餐饮、价格、主题。四个不同国家和地区在五个维度中差异较大，中国顾客的认知和亚洲（中国除外）顾客的认知相似度较高，与美洲、欧洲顾客的认知存在一定相似性，但也体现出不可忽视的差异。首先，中国顾客与亚洲（中国除外）顾客的关注维度排序是一致的。四个国家或地区的顾客都认为无形因素"服务"是主题餐厅最重要的维度，"便利性"是第二重要的维度。因此，四个不同国家和地区的顾客消费体验在五个维度中存在一定差异。

研究结论体现在以下几点。

首先，通过对比分析，研究了不同文化背景下主题餐厅顾客认知的差异，具体体现在两个方面。一是不同国家和地区的顾客对认知各个维度的关注程度存在差异，四个国家或地区的顾客都认为"服务"是主题餐厅最重要的维度，"便利性"是第二重要的维度。亚洲（中国除外）及美洲顾客对"主题"没有产生中性情绪。二是不同文化背景的顾客认知构成维度存在差异，美洲顾客对主题餐厅的"主题"维度的认知感受较其他文化背景顾客而言相对单一，而其他三个国家或地区的顾客认知会更加丰富。

其次，通过对比分析，研究了不同文化背景下主题餐厅顾客情感的差异，具体体现在不同文化背景的顾客情感强度的差异。在对主题餐厅评论时，最倾向于表现为"积极情绪"的是中国顾客，其后是欧洲顾客，再后是亚洲（中国除外）顾客，最后是美洲顾客；"中性情绪"维度分布比例顺序是美洲顾客、亚洲（中国除外）顾客、欧洲顾客以及中国顾客；"消极情绪"维度分布比例顺序是美洲顾客、亚洲（中国除外）顾客、欧洲顾客以及中国顾客。由此可见，中国顾客的积极情感占比较大，美洲顾客的消极情感较大，亚洲（中国除外）和欧洲顾客情感强度较为相似。

5.2　不同文化背景顾客消费体验差异分析

上文将不同国家、不同文化背景下主题餐厅的顾客消费体验解构为认知和情感两个维度，并进行对比分析。下文将在采用关键词分析法对消费体验进行解构分析的基础上，采用社会网络分析法和情绪分析法对不同国籍、跨文化背景的顾客消费体验进行分析，深入探索不同文化背景顾客的消费体验差异。

5.2.1　不同国家和地区顾客总体消费体验分析——社会网络分析

5.2.1.1　问题提出

在传统研究中，认知和情感通常被当作独立的两个变量。文化背景的差异使得顾客在价值观、社会行为准则及认知方面产生差异，进而促使产生生活方式以及行为模式的差异（Richardson et al.，1988）。因此，文化背景的不同会使得顾客产生不同的服务质量和满意度认知。在一项聚焦牙科诊所服务质量的研究中，研究者观察发现日本顾客对服务质量的评价更加温和，与美国、加拿大的顾客相比，他们对高质量服务的评价偏低，同时对于低质量的服务更为宽容（Laroche，2004）。学者在研究各国顾客对服务质量的认识时发现：英国顾客与其他国家顾客相比，对高质量服务往往更加期待；[①] 在餐饮服务方面，来自美国的顾客则比中国顾客对服务质量更加敏感，而当陌生人在场时，两个不同文化背景下的顾客都有较高抱怨倾向（Fan et al.，2015）。此外，有学者在研究中表明，中国顾客与阿拉伯顾客愿意倾诉抱怨的对象存在明显不同，前者更愿意对亲友抱怨服务的不周，而后者则更愿意诉诸正式途径进行投诉。在测量顾客愉悦度的实验中，通过对比分析提出北欧顾客更加在意的服务因素、服务态度水平以及问题解决效率，拉美顾客同时关注有形服务和无形服务，加拿大顾客的满意度更容易被服务态度、洁净程度和意料之外的价值所影响（Edwin et al.，2014）。

情感则是指与心理因素相关的心理感受（Baloglu et al.，1997；Prebensen，2007），可以被划分为八个维度，包括愉快、令人兴奋、唤起、令人痛苦、令人不快、悲观、困倦和放松（Russell et al.，1980）。实证研究发现情绪有助于餐厅满意度的形成（Lin et al.，2010）。而服务场景与情绪反应之间存在显著关联（Bitner，1992），场景会显著影响顾客的愉悦感（Kim et al.，2009）。顾客通常根据对产品或服务的满足感或愉悦程度来对餐厅进行判断（Schwarz et al.，1983）。经历过实质性阶段和沟通阶段的顾客，因为一次消费经历产生情绪的触动或情感得到满足，从而会对服务场景给予回应，作出重新访问该地点的决定（Kotler，1974；Kim et al.，2009）。因此，主题餐厅管理者的目标是创造愉悦的感觉，引导顾客形成特定的认知评估和顾客满意度。上述研究表明了解顾客情感能够显著提高主题餐厅顾客满意度。

完整的顾客消费体验由认知与情感共同构成，两者相互关联、密不可分。但在以往的研究中，学者们通常忽略了两者之间的关联结构，以两个单独的变量进行学术研究。本书通过社会网络分析方法，深入探索认知和情感在不同文化背景下的关联结构差异，为主题餐厅的市场运营提供客观有效的建议。

5.2.1.2 研究方法

在主题餐厅评论的高频关键词（服务、便利性、餐饮、价格、主题以及

---

① Tsaur S H, Lin C T, Wu C S. Cultural differences of service quality and behavioral intention in tourist hotels [J]. Journal of Hospitality & Leisure Marketing, 2005, 13 (1): 41 – 63.

消费目的六个维度）的基础上，下文将对认知和情感的各个维度的关联性进行深入探索。通过 Python 编写计算机指令，抓取包含服务、便利性、餐饮、价格、主题以及消费目的六个词的评论文本，核对之后对其进行编码，将每个关键词与相符的认知维度和情感维度对应，进而比对研究不同文化背景下顾客认知和情感的关联结构。本书通过 Gephi 软件对认知和情感各个维度之间的关系进行社会网络分析，该分析可有效地揭示概念之间的关系（Luo et al.，2015；Liu et al.，2017；Katarzyna，2018）。

　　社会网络分析是通过多对关系连接而成的一组关联节点集合，包含节点（ode），边（edge）及结点之间的关系（relationship），节点是通过网络关系连接而成的独立分析单元，其统计量包含平均度、平均加权度、偏心率、接近中心性、中介中心性和模块化，其中，平均度（Average Dgree）表示某节点和其他节点连接的程度，平均加权度（average weighting degree）表示与节点相关的边的平均权重，偏心率（eccentricity）表示某个节点与它相连的最远的节点之间的距离，接近中心性（closeness）表示从一个节点到其他所有节点的平均距离，中介中心性（betweenness）表示控制其他节点交流的能力，模块化（modular）揭示了节点的聚集行为。通过分析统计量，可以探讨社会网络结构的整体属性和个体属性以及节点之间的聚类特征（Sorensen，2007；Cassnueva et al.，2016）。通过分析上述统计量，本书对社会网络结构的整体属性、个体属性及节点之间聚类特征进行探讨。最后，用 Gephi 软件画出以消费体验的各个具体维度为节点、以词频为权重生成可视化社会网络图，并用平均度、平均加权度、偏心率、接近中心性、中介中心性和模块化这几个统计量来揭示消费体验的总体特征、每个维度之间的关系以及各个维度下节点的统计量分析，并在不同国家和地区、不同文化背景下的顾客中进行对比分析。

5.2.1.3　不同国家和地区顾客总体消费体验分析

　　本节对中国、美洲、欧洲、亚洲（中国除外）顾客的消费体验各个维度之间的社会网络关系进行分析，并对消费体验的整体特征进行解析和把握。

　　图 5-1 显示了四个不同国家和地区主题餐厅顾客的总体消费体验。从平均度来看，餐饮、服务、主题、消费目的、位置、环境、知名度、价格、规模、积极情绪、消极情绪的平均度都大于 4，说明四个国家和地区的顾客都感

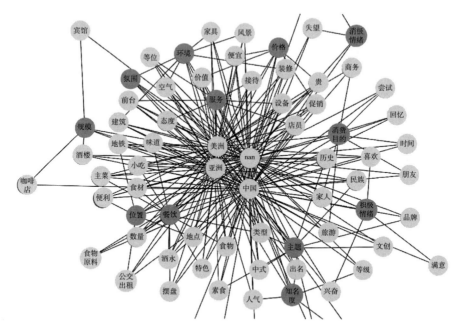

图5-1 不同国家和地区顾客总体消费体验社会网络图

注：为了清晰显示网络中心位置的节点，以上图示为社会网络中心部位截图，整体网络图见附录，下文社会网络分析图同理。

受到了这几个维度。中性情绪的平均度为3，表明有一个国家或地区没有体验到这个维度；从偏心率来看，餐饮、服务、主题、消费目的、位置、环境、价格的偏心率为2，知名度、规模，积极情绪、消极情绪以及中性情绪的偏心率为3，结合中介中心性和接近中心性的数据都表明这几个维度处于社会网络的中心位置，说明四个不同国家和地区的顾客均对产品、服务、环境、成本、餐厅主题、餐厅知名度和规模的关注度较高，对主题餐厅的评论有积极、消极和中立的情感态度。从平均加权度来看，服务、位置和环境排名前三，表明主题餐厅中独特的服务、内外部环境最容易影响顾客对主题餐厅的体验感受；随后是餐饮、价格、主题和知名度，表明顾客同样关注主题餐厅的菜品、价格、主题和知名度，具体数据如表5-12所示。

从模块化来看，不同国家和地区顾客的消费体验有一定的差别，第一模块中包含"兴奋""喜欢""期待""平静""满意"等词，说明中国顾客对主题餐厅的情感态度较偏积极和中性，而"知名度""人气""出名"等词，说明他们比较重视主题餐厅的知名度，消费目的则是和家人朋友旅游消磨时间；第二模块中包含"态度""服务""食材""味道""位置""便利""地铁"等词，说明美洲顾客和亚洲（中国除外）顾客偏向于感受菜品本身、人员服务、独特性服务、外部环境和内部环境等；第三模块中的"遗憾""失望"表现出欧洲顾客的消极情绪，而"主题""素食""文创""规模""宾馆""民族"等词凸显出欧洲顾客的关注度较多地放在餐厅主题特色、餐厅规模、便利性上；第四模块中包括"促销""价格""价值""便宜""贵"等词，说明顾客对成本的关注度不是很高；第五模块包括"氛围""环境""建筑""装修""家具""风景""空气"等词，意味着顾客关注主题餐厅内部布局、风格、氛围等因素。从模块化的情况可以得出如下结论，中国的顾客和其他三个地区的顾客在体验偏好上有差异，其更多地呈现积极情绪和中性情绪的情况，而欧洲的顾客会呈现消极的情绪，美洲的顾客和亚洲其他国家的顾客在情绪上并不呈现明显的正负倾向。

表 5 – 12　　　　　　　不同国家和地区顾客总体消费体验统计分析

主题词	平均分	平均加权度	接近中性	偏心率	中介中心性	模块化
中国	69	8 521.5	0.936709	2	0.427803	0
美洲	41	1 552.5	0.606557	3	0.080594	1
欧洲	62	7 063	0.831461	3	0.291263	2
亚洲	46	1 847.5	0.660714	3	0.105147	1
服务	10	12 584.5	0.536232	1	0.001403	1
态度	5	8 262	0.517483	2	0.000292	1
食材	5	495	0.517483	2	0.000292	1
餐饮	15	1 279.5	0.556391	2	0.006135	1
促销	5	278	0.517483	2	0.000292	3
价格	8	973	0.528571	2	0.000736	3
店员	5	2 558.5	0.517483	2	0.000292	1
味道	5	233	0.517483	2	0.000292	1
地点	5	2 340.5	0.517483	2	0.000292	1
位置	8	2 591.5	0.528571	2	0.001470	1

主题词	平均分	平均加权度	接近中性	偏心率	中介中心性	模块化
价值	5	574	0.517483	2	0.000292	3
氛围	5	632	0.517483	2	0.000292	4
环境	10	1 460	0.536232	2	0.001403	4
建筑	5	132.5	0.517483	2	0.000292	4
食物	5	405	0.517483	2	0.000292	1
装修	5	431.5	0.517483	2	0.000292	4
便利	5	211	0.517483	2	0.000292	1
前台	5	803.5	0.517483	2	0.000292	1
类型	6	26	0.521127	2	0.000366	1
主题	12	41.5	0.544118	2	0.008406	2
素食	4	9.5	0.513889	2	0.000117	2
接待	5	181.5	0.517483	2	0.000292	1
小吃	5	24.5	0.517483	2	0.000292	1
人气	4	6	0.510345	3	0.000117	0
知名度	7	23.5	0.521127	3	0.002493	0
时间	3	3.5	0.510345	2	0.000025	0
消费目的	11	18	0.540146	2	0.008036	0
家具	5	89.5	0.517483	2	0.000292	4
文创	3	1.5	0.510345	2	0.000025	2
摆盘	4	9	0.513889	2	0.000167	1
出名	4	14	0.510345	3	0.000117	0
风景	5	169.5	0.517483	2	0.000292	4
特色	5	19.5	0.517483	2	0.000292	1
兴奋	3	1	0.506849	3	0.000025	0
积极情绪	6	3	0.517483	3	0.002142	0
等级	3	3	0.506849	3	0.000025	0
地铁	5	37	0.517483	2	0.000292	1

续表

主题词	平均分	平均加权度	接近中性	偏心率	中介中心性	模块化
等位	5	699.5	0.517483	2	0.000292	1
便宜	5	101.5	0.517483	2	0.000292	3
食物原料	3	7	0.510345	2	0.000025	2
设备	5	79.5	0.517483	2	0.000292	1
主菜	5	48.5	0.517483	2	0.000292	1
数量	5	15.5	0.517483	2	0.000292	1
贵	5	19.5	0.517483	2	0.000292	3
回忆	3	1	0.510345	2	0.000025	0
商务	3	1.5	0.503401	3	0.000084	0
民族	4	7.5	0.513889	2	0.000117	2
旅游	4	1.5	0.513889	2	0.000117	0
中式	4	2.5	0.513889	2	0.000167	2
宾馆	2	1	0.477419	3	0	2
规模	6	7.5	0.517483	3	0.004622	2
空气	5	5	0.517483	2	0.000292	4
酒楼	4	6	0.510345	3	0.000117	2
酒水	5	9.5	0.517483	2	0.000292	1
家人	4	4.5	0.513889	2	0.000117	0
尝试	3	2.5	0.510345	2	0.000025	0
历史	4	3.5	0.513889	2	0.000117	2
遗憾	2	0.5	0.471338	3	0	2
消极情绪	4	1.5	0.506849	3	0.002801	2
品牌	3	2.5	0.510345	2	0.000025	2
朋友	3	3.5	0.510345	2	0.000025	0
怀旧	2	1.5	0.500000	3	0	2
公交出租	4	3	0.506849	3	0.000174	1
米其林	2	0.5	0.496644	3	0	0

续表

主题词	平均分	平均加权度	接近中性	偏心率	中介中心性	模块化
喜欢	4	1.5	0.510345	3	0.000167	0
期待	2	0.5	0.490066	3	0	0
中性情绪	3	1	0.493333	3	0.000185	0
失望	3	1	0.503401	3	0.000025	2
平静	2	0.5	0.490066	3	0	0
满意	2	0.5	0.496644	3	0	0
咖啡店	2	0.5	0.500000	3	0	2

5.2.1.4 各个维度的消费体验社会网络分析

本部分通过分析服务、便利性、餐饮、价格、主题和消费目的这六个维度的消费体验在不同国家和不同文化背景下的特征，解构消费体验各个维度的内在关联性以及在不同文化背景下的异同。

图 5 - 2 和表 5 - 13 表示四个不同国家和地区主题餐厅顾客对服务的消费体验。从平均度来看，服务和环境的平均度为 10，态度、店员、前台、等位、设备、氛围、建筑、装修、家具、风景和空气的平均度都等于 5，说明四个国家和地区的顾客对服务维度中的人员服务、服务等待、内部环境较为关注；从偏心率、接近中性和中介中心性来看，这几个节点也在网络的中心位置。从平均加权度来看，态度、店员、前台、氛围、装修和风景的权重排在前几位，表示所有顾客对主题餐厅服务的体验最受服务态度、餐厅装潢氛围等的影响；其次是等位、设备、建筑、家具和空气，表示等待时间、内部环境和空气也是主题餐厅顾客较关注的方面。四个国家和地区的主题餐厅顾客对服务的消费体验可分为四个模块：第一个模块包含中国；第二个模块包含亚洲、服务、态度、店员、前台、等位和设备，说明亚洲（中国除外）顾客较为关注服务体验中的服务态度和服务等待时间等；第三个模块包含美洲；第四个模块包含欧洲。从模块化来看，中国、亚洲（中国除外）、美洲和欧洲顾客对服务的体验差异性较为明显，相似性较低，其中亚洲（中国除外）顾客对于服务的体验与"态度""店员"等关键词的联结更为紧密，较为具体。

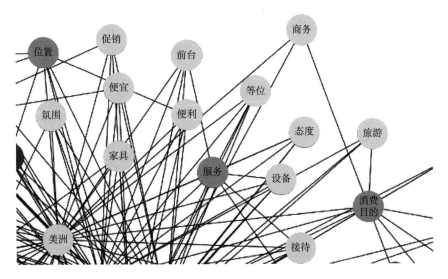

图 5 - 2　服务的消费体验社会网络图

表 5 - 13　　　　　　　　服务的消费体验统计分析

主题词	平均分	平均加权度	接近中性	偏心率	中介中心性	模块化
中国	60	8 518.5	0.941176	2	0.356996	0
氛围	5	632	0.520325	2	0.000189	5
装修	5	431.5	0.520325	2	0.000189	5
风景	5	169.5	0.520325	2	0.000189	5
态度	5	8 262	0.520325	2	0.000189	1
服务	10	12 584.5	0.542373	2	0.001677	1
美洲	39	1 552	0.653061	3	0.094469	2
欧洲	56	7 061	0.888889	2	0.287701	3
亚洲	46	1 847.5	0.780488	2	0.140901	1
店员	5	2 558.5	0.520325	2	0.000189	1
前台	5	803.5	0.520325	2	0.000189	1
建筑	5	132.5	0.520325	2	0.000189	5
家具	5	89.5	0.520325	2	0.000189	5
空气	5	5	0.520325	2	0.000189	5

续表

主题词	平均分	平均加权度	接近中性	偏心率	中介中心性	模块化
等位	5	699.5	0.520325	2	0.000189	1
设备	5	79.5	0.520325	2	0.000189	1

图 5-3 和表 5-14 表示四个不同国家和地区主题餐厅顾客对便利性的消费体验。从平均度来看，便利性的平均度为 8，规模的平均度为 6，地点、便利、地铁、公交出租的平均度为 5，酒楼的平均度为 4，说明四个国家和地区的顾客都体验到了便利性维度中的交通便利性、餐厅规模等；从偏心率、接近中心性和中介中心性来看，这几个节点也在网络的中心位置。从平均加权度来看，地点、便利、酒楼、宾馆、咖啡店、公交出租和地铁的权重排在前几位，表示所有顾客对主题餐厅便利性的体验最受餐厅地理位置、交通便利、附近住宿环境等影响。四个国家和地区的主题餐厅顾客对便利性的消费体验可分为五个模块：第一个模块包含中国；第二个模块包含亚洲；第三个模块包含便利性、地点、亚洲、便利、地铁和公交出租，其中，亚洲（中国除外）顾客比较关注餐厅周围交通便利；第四个模块包含美洲；第五个模块包含欧洲。从模块化来看，中国、亚洲（中国除外）、美洲和欧洲顾客对便利性和规模的体验差异性较为明显，其中亚洲（中国除外）顾客对于便利性的体验与"地点""便利"等关键词更为紧密，侧重于出行便利；而欧洲顾客对于规模的体验与"酒楼""宾馆"等关键词更为紧密，侧重于住宿便利。

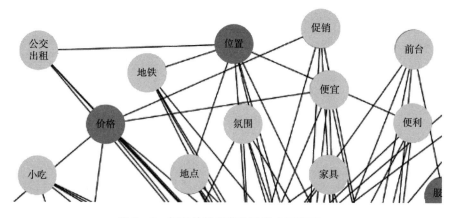

图 5-3　便利性的消费体验社会网络图

表 5 – 14　　　　　　　　　　　　**便利性的消费体验统计分析**

主题词	平均分	平均加权度	接近中性	偏心率	中介中心性	模块化
中国	60	8 518.5	0.941176	2	0.356996	0
美洲	39	1 552	0.653061	3	0.094469	2
欧洲	56	7 061	0.888889	2	0.287701	3
亚洲	46	1 847.5	0.780488	2	0.140901	1
酒楼	4	6	0.512	3	0.000031	3
宾馆	2	1	0.48855	3	0.000000	3
咖啡店	2	0.5	0.503937	3	0.000000	3
地点	5	2 340.5	0.520325	2	0.000189	1
位置	8	2 591.5	0.533333	2	0.00152	1
便利	5	211	0.520325	2	0.000189	1
地铁	5	37	0.520325	2	0.000189	1
公交出租	4	3	0.512	3	0.000114	1

　　图 5 – 4 和表 5 – 15 表示四个不同国家和地区主题餐厅顾客对餐饮的消费体验。从平均度来看，餐饮的平均度为 15，类型的平均度为 6，食材、味道、食物、小吃、特色、主菜、数量和酒水的平均度为 5，摆盘的平均度为 4，说明四个国家和地区的顾客都体验到了餐饮体验维度中的菜品味道、种类、口感等；从偏心率、接近中性和中介中心性来看，这几个节点也在网络的中心位置。从平均加权度来看，食材、食物和味道的权重排在前三位，表示所有顾客对主题餐厅餐饮的体验最受菜品味道和口感的影响；其次是主菜、类型、小吃、特色、数量、酒水和摆盘，表示菜品组合、营养搭配和口味选择也是主题餐厅顾客较关注的方面。从模块化来看，四个国家和地区的主题餐厅顾客对餐饮的消费体验可分为四个模块：第一个模块包含中国和食物原料，中国顾客较为注重食物的原料；第二个模块包含亚洲；第三个模块包含美洲、餐饮、食材、食物、味道、主菜、小吃、特色、数量、酒水和摆盘，美洲顾客对食物味道、菜品搭配、饮品和摆盘体验度较高；第四个模块包含欧洲和类型，欧洲顾客注重菜品类型。从模块化来看，中国、亚洲（中国除外）、美洲和欧洲顾客对餐饮的体验差异性较为明显，相似性较低。

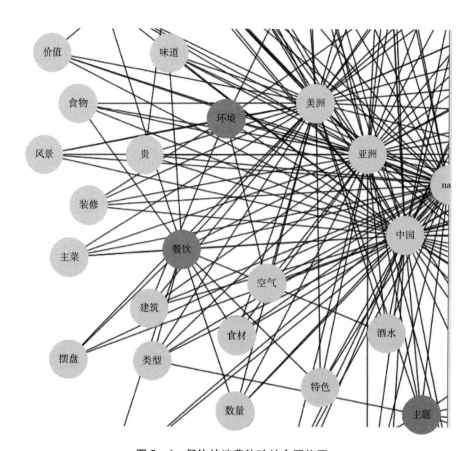

图 5 - 4 餐饮的消费体验社会网络图

表 5 - 15 餐饮的消费体验统计分析

主题词	平均分	平均加权度	接近中性	偏心率	中介中心性	模块化
中国	60	8 518.5	0.941176	2	0.356996	0
美洲	39	1 552	0.653061	3	0.094469	2
欧洲	56	7 061	0.888889	2	0.287701	3
亚洲	46	1 847.5	0.780488	2	0.140901	1
食材	5	495	0.520325	2	0.000189	2
餐饮	15	1 279.5	0.566372	2	0.008018	2
味道	5	233	0.520325	2	0.000189	2
食物	5	405	0.520325	2	0.000189	2
类型	6	26	0.52459	2	0.000288	3
小吃	5	24.5	0.520325	2	0.000189	2

续表

主题词	平均分	平均加权度	接近中性	偏心率	中介中心性	模块化
摆盘	4	9	0.516129	2	0.000131	2
特色	5	19.5	0.520325	2	0.000189	2
食物原料	3	7	0.512	2	0.000009	0
主菜	5	48.5	0.520325	2	0.000189	2
数量	5	15.5	0.520325	2	0.000189	2
酒水	5	9.5	0.520325	2	0.000189	2

图 5-5 和表 5-16 表示四个不同国家和地区主题餐厅顾客对价格的消费体验。从平均度来看，价格的平均度为 8，促销、价值、便宜、贵的平均度为 5，说明四个国家和地区的顾客都体验到了价格维度中的菜品价格、价格标识等；从偏心率、接近中性和中介中心性来看，这几个节点也在网络的中心位置。从平均加权度来看，价值、促销和便宜的权重排在前三位，表示所有顾客对主题餐厅价格的体验最受性价比、促销活动和便宜的影响；其次是贵，表示贵也是主题餐厅顾客较关注的因素。四个国家和地区的主题餐厅顾客对价格的消费体验可分为五个模块：第一个模块包含中国；第二个模块包含亚洲（中国除外）；第三个模块包含美洲；第四个模块包含欧洲；第五个模块包含价格、价值、促销、便宜和贵。从模块化来看，中国、亚洲（中国除外）、美洲和欧洲顾客对价格的体验差异性较为明显，相似性较低。

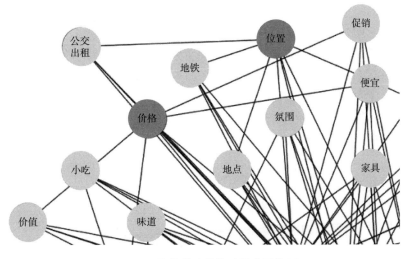

图 5-5　价格的消费体验社会网络图

表 5 - 16 价格的消费体验统计分析

主题词	平均分	平均加权度	接近中性	偏心率	中介中心性	模块化
中国	60	8 518.5	0.941176	2	0.356996	0
美洲	39	1 552	0.653061	3	0.094469	2
欧洲	56	7 061	0.888889	2	0.287701	3
亚洲	46	1 847.5	0.780488	2	0.140901	1
促销	5	278	0.520325	2	0.000189	4
价格	8	973	0.533333	2	0.000784	4
价值	5	574	0.520325	2	0.000189	4
便宜	5	101.5	0.520325	2	0.000189	4
贵	5	19.5	0.520325	2	0.000189	4

图 5 - 6 和表 5 - 17 表示四个不同国家和地区主题餐厅顾客对主题的消费体验。从平均度来看，主题的平均度为 12，知名度的平均度为 7，类型的平均度为 6，素食、民族、中式、历史、人气、出名的平均度为 4，说明四个国家和地区的顾客都体验到了主题维度的这几个方面；从偏心率、接近中心性和中介中心性来看，这几个节点也位于网络的中心位置。从平均加权度来看，类型、素食、出名、人气、等级和民族的权重排在前几位，表示所有顾客对主题餐厅的体验最受餐厅名气、素食、等级和民族风俗习惯的影响；其次是历史、中式、米其林、品牌、文创和怀旧，表示历史文化、中式餐厅、米其林等级、文创和怀旧也是主题餐厅顾客较关注的方面。四个国家和地区的主题餐厅顾客对主题的消费体验可分为四个模块：第一个模块包含中国、知名度、出名、人气、等级和米其林，中国顾客对主题体验的偏好度主要集中在餐厅知名度和餐厅等级方面；第二个模块包含亚洲（中国除外）；第三个模块包含美洲；第四个模块包含欧洲、主题、类型、素食、民族、历史、中式、品牌、文创和怀旧，欧洲顾客较为关注餐厅的主题风格。从模块化来看，中国、亚洲（中国除外）、美洲和欧洲顾客对主题和知名度的体验差异性较为明显，相似性较低，其中欧洲顾客对于主题的体验与"类型""素食"等关键词更为紧密，希望主题餐厅提供素食，而中国顾客对于知名度的体验与"出名""人气"等关键词更为紧密，多关注主题餐厅的知名度。

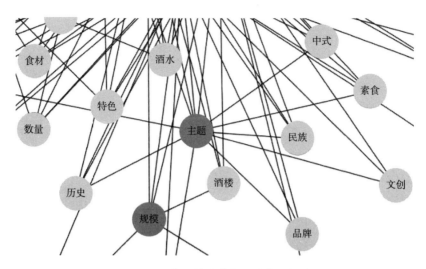

图 5 - 6　主题的消费体验社会网络图

表 5 - 17　　　　　　　　　主题的消费体验统计分析

主题词	平均分	平均加权度	接近中性	偏心率	中介中心性	模块化
中国	60	8 518.5	0.941176	2	0.356996	0
美洲	39	1 552	0.653061	3	0.094469	2
欧洲	56	7 061	0.888889	2	0.287701	3
亚洲	46	1 847.5	0.780488	2	0.140901	1
类型	6	26	0.52459	2	0.000288	3
主题	12	41.5	0.551724	2	0.010812	3
素食	4	9.5	0.516129	2	0.000031	3
文创	3	1.5	0.512	2	0.000009	3
民族	4	7.5	0.516129	2	0.000031	3
中式	4	2.5	0.516129	2	0.000131	3
人气	4	6	0.512	3	0.000031	0
出名	4	14	0.512	3	0.000031	0
等级	3	3	0.507937	3	0.000009	0
米其林	2	0.5	0.5	3	0.000000	0
历史	4	3.5	0.516129	2	0.000031	3

主题词	平均分	平均加权度	接近中性	偏心率	中介中心性	模块化
品牌	3	2.5	0.512	2	0.000009	3
怀旧	2	1.5	0.503937	3	0.000000	3

图 5 - 7 和表 5 - 18 表示四个不同国家和地区主题餐厅顾客对消费目的的体验情况。从平均度来看，消费目的的平均度为 11，旅游、家人的平均度为4，说明四个国家和地区的顾客都体验到了消费目的维度的这几个方面，顾客的消费目的均是旅游、陪伴家人；从偏心率、接近中心性和中介中心性来看，这几个节点也在网络的中心位置。从平均加权度来看，家人、时间和朋友的权重排在前三位，表示所有顾客去主题餐厅消费目的是陪伴家人朋友；其次是尝试、旅游、商务和回忆，表示主题餐厅顾客还可能因为商务旅游、尝试新鲜事物和回忆来主题餐厅消费。四个国家和地区的主题餐厅顾客对消费目的的体验可分为四个模块：第一个模块包含中国、消费目的、家人、时间、朋友、尝试、旅游、商务和回忆；第二个模块包含亚洲（中国除外）；第三个模块包含美洲；第四个模块包含欧洲。从模块化来看，中国、亚洲（中国除外）、美洲和欧洲顾客对消费目的的体验差异性较为明显，相似性较低，其中中国顾客对于消费目的的体验与"家人""时间"等关键词更为紧密，中国顾客的消费目的多为与家人朋友旅游。

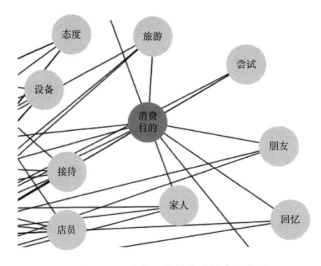

图 5 - 7　消费目的的体验社会网络图

表 5 – 18　　　　　　　　　　消费目的的体验统计分析

主题词	平均分	平均加权度	接近中性	偏心率	中介中心性	模块化
中国	60	8 518.5	0.941176	2	0.356996	0
美洲	39	1 552	0.653061	3	0.094469	2
欧洲	56	7 061	0.888889	2	0.287701	3
亚洲	46	1 847.5	0.780488	2	0.140901	1
时间	3	3.5	0.512	2	0.000009	0
消费目的	11	18	0.547009	2	0.010316	0
回忆	3	1	0.512	2	0.000009	0
商务	3	1.5	0.507937	3	0.000067	0
旅游	4	1.5	0.516129	2	0.000031	0
家人	4	4.5	0.516129	2	0.000031	0
尝试	3	2.5	0.512	2	0.000009	0
朋友	3	3.5	0.512	2	0.000009	0

5.2.2　不同国家和地区顾客消费体验差异分析——情绪分析

本部分将在前文研究基础上，将情绪分析与社会网络分析相结合，以积极情绪、消极情绪及中性情绪三种情绪特征为切入点，探究多元文化背景下不同情绪特征对应的消费体验的差异。

5.2.2.1　问题提出

情绪分析被认为是进行大数据分析的重要研究视角（Bo et al., 2008）。大数据资源能够有效帮助餐饮企业更好地满足目标顾客的需求（Choi et al., 2007；Saif et al., 2012；Geetha et al., 2017；Ahani et al., 2019），制定更有竞争力的营销策略（Pak et al., 2010；Schmunk et al., 2014；Valdivia et al., 2017）。例如，学者利用推特顾客的在线评论，对沃尔玛（Walmart）和开市客（Costco）两大零售业巨头的顾客进行情绪分析，结果表明顾客在推特上提到 Walmart 的次数更多,[①] 但顾客更倾向于在推特上谈论 Costco (而不是 Walmart 的) 的煎饼、曲奇、比萨和鸡肉,同时,Costco 的上述产品激发了顾客更高的正面情绪/负面情绪。一系列的情绪分析揭示了 Walmart 和 Costco 的潜在的改进空间。情绪分析深刻影响企业战略选择与长远发展。由于情绪在一定程度上体现了顾客对产品的体验效用,因此,接下来这个部分将根据猫途鹰的在线顾客评论,对来自不同国家和地区主题餐厅顾客的情绪作对比分析,进一步以情绪特征的视角解析消费体验差异,为主题餐厅发展提供研究借鉴。

在线评论是包含顾客的个人主观评价和基于事实的客观陈述的集合体,评论文本的主观信息和客观信息是情绪分析的建立基础。网上评论不仅包含了顾客的客观认知,更反映了体现其内在态度的情感模式。现有文献进行情绪分析时,采用的分析方法有直接分析法和在数据挖掘基础上进行词频分析及关键词聚类等。目前常见的情绪分析技术包括人工编码、自然语言处理和机器学习。[②] 其中,贝叶斯情感分类是广泛使用的情绪分类方法 (杨鼎等,2010;林江豪等,2012)。情感极性由正面、负面和中性情绪三个部分组成 (Gonzalezrodriguez et al.,2016),网络文本情感分析能够较为客观地刻画顾客对主题餐厅的情感模式。周小兵等学者在研究中表明,计算机算法要求研究者在对中文进行情绪分析时要进行词性分类,[③] 程晓明等学者发现语句的情感极性受到情感词及转折词归类的影响,[④] 如第一类转折词加奇数重否定加正面情感词为正面的情绪极性 (邸鹏等,2014)。[⑤]

5.2.2.2 不同国家和地区顾客的总体情绪分析

本节通过分析四个国家和地区顾客积极情绪、消极情绪以及中性情绪的

① He W, ShenJiancheng et al. Gaining competitive intelligence from social media data: Evidence from two largest retail chains in the world [J]. Industrial Management &Data Systems, 2015, 115 (9): 1622 –1636.

② 乐国安, 董颖红. 情绪的基本结构: 争论、应用及其前瞻 [J]. 南开学报 (哲学社会科学版), 2013 (1): 140 –150.

③ 徐琳宏, 林鸿飞, 杨志豪. 基于语义理解的文本倾向性识别机制 [J]. 中文信息学报, 2007 (1): 96 –100.

④ 蔺璜, 郭姝慧. 程度副词的特点范围与分类 [J]. 山西大学学报 (哲学社会科学版), 2003 (2): 71 –74.

⑤ 邸鹏, 李爱萍, 段利国. 基于转折句式的文本情感倾向性分析 [J]. 计算机工程与设计, 2014, 35 (12): 4289 –4295.

不同比例，对比分析不同文化背景顾客的情绪特征。

图 5-8 显示了四个国家和地区的顾客的积极情绪、消极情绪以及中性情绪。不同国家和地区顾客的情感模式不存在明显差异，中国顾客和大洋洲顾客的情绪主要表现为积极情绪与中性情绪，与其他国家或地区相比，其占比之和与消极情绪差异较大，该差距在中国顾客的情绪分布中更为明显；亚洲（中国除外）顾客和非洲顾客的情绪分布特征表现为中性情绪占比和消极情绪占比较高，而积极情绪占比排序名次靠后；美洲顾客的情绪主要分布在积极情绪板块，相比其他国家或地区对于消极情绪和中性情绪的倾向较小。

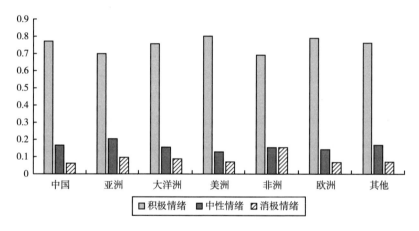

图 5-8　四个国家和地区顾客情绪对比分析

5.2.2.3　不同国家和地区顾客的不同情绪极性对应的体验维度分析

接下来，在上述研究的基础上，分析中国、亚洲（中国除外）、大洋洲、美洲、非洲及欧洲顾客的消费体验各个维度的评分在正面、负面和中性情绪下的数据分布状态及特征，揭示了特定国家的顾客在正面、负面和中性情绪下的消费体验的差异性。

图 5-9 揭示了中国顾客的消费体验各个维度在正面、负面和中性情绪下的数据分布状态。总体来看，只有消极情绪下中国顾客对主题、便利性、价格、餐饮以及服务的评分均值较为近似；三种情绪下，主题的评分均值都为

最高。从均值和集中程度来看，主题在积极情绪下的评分均值明显高于在中性情绪下，而在中性情绪下的评分均值又明显高于在消极情绪下，同时在积极情绪下的数据分布更为集中，表明主题的类型对于中国顾客的情绪存在显著影响，但不容忽视的是，在积极情绪下，主题的评分可能会存在极个别低分的情况，但不影响总体顾客的平均得分较高；便利性和餐饮在消极、中性和积极情绪下的数据分布状态近似，平均得分均近似递增，表明便利性和餐饮对于消极和中性情绪顾客存在一定影响；积极情绪下，便利性数据离散程度增加，表明便利性对中性情绪下的不同中国顾客的影响水平并不完全相同，而在积极情绪下，餐饮的评分数据离散程度明显降低，表明餐饮对中性情绪下的不同中国顾客存在不同的影响水平；价格和服务在三种情绪下的数据变化规律较为相似，平均得分在中性情绪下明显高于在消极情绪下，而在积极情绪下的平均得分没有明显提高，表明价格和服务对消极情绪的影响较大，继续优化上述两个方面并不会让"没有不满意"的中国顾客产生更高的"满意"水平。综上所述，将消费体验按照对中国顾客情绪极性影响水平进行排序（由强到弱），具体为主题、餐饮、便利性、服务及价格。

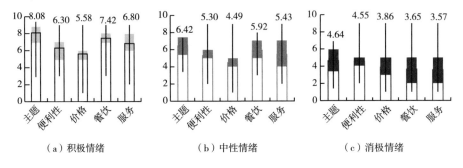

图 5-9　中国顾客的不同情绪极性对应的体验维度

图 5-10 揭示了亚洲（中国除外）顾客的消费体验各个维度在正面、负面和中性情绪下的数据分布状态。总体来看，只有消极情绪下亚洲（中国除外）顾客对主题、便利性、价格、餐饮以及服务的评分均值较为近似，便利性的评分均值最高；积极情绪和中性情绪下，主题的评分均值最高。从均值和集中程度来看，主题和服务的数据分布状态近似，在积极情绪下的评分均值明显高于在中性情绪下，而在中性情绪下的评分均值又明显高于在消极情

绪下，且主题和服务在积极情绪下的数据分布更为集中，表明主题的类型以及服务质量是显著影响情绪的体验维度；便利性在消极、中性和积极情绪下的平均得分均递增，表明价格因素对消极和中性情绪顾客的满意度有一定影响，同时在中性情绪下，评分数据离散程度明显降低，表明消极的顾客在价格因素优化后满意度可提升到较为一致的水平；价格在三种情绪下的数据变化较小，在消极情绪下离散程度大，因此总体来看，价格对亚洲（中国除外）顾客情绪影响较小；从均值变化来看，餐饮对消极情绪以及中性情绪下的顾客的影响显著，同时，对于消极情绪下的顾客影响更加明显。此外，服务和价格在三种情绪下的评分均值的全距（最大值与最小值的差异）较大，表明少部分亚洲（中国除外）顾客对主题餐厅的服务因素和价格因素较为敏感。综上所述，将五种体验维度按照对亚洲（中国除外）顾客情绪极性影响水平进行排序（由强到弱），具体为主题、餐饮、服务、便利性及价格。

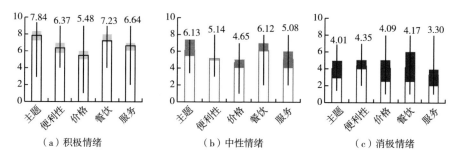

图 5 - 10　亚洲顾客的不同情绪极性对应的体验维度

图 5 - 11 揭示了大洋洲顾客的消费体验各个维度在正面、负面和中性情绪下的数据分布状态。总体来看，三种情绪下美洲顾客对主题、便利性、价格、餐饮以及服务的评分均值都存在一定差异性；在积极情绪和中性情绪下，主题的评分均值最高，在消极情绪下，服务的评分均值最高。从均值来看，主题和餐饮的数据分布状态近似，在积极情绪下的评分均值明显高于在中性情绪下，而在中性情绪下的评分均值又明显高于在消极情绪下，主题在积极情绪下的数据分布更为集中，而餐饮在中性情绪下的数据分布更为集中，表明主题的类型以及餐饮质量是显著影响情绪的体验维度；便利性平均得分在积极情绪下明显高于在中性情绪下，而在中性情绪下的平均得分没有明显提高，表明便利性对中性情绪的影响较大，而继续优化该方面并不会让"不满

意"的大洋洲顾客的满意水平出现明显变化；价格在消极、中性和积极情绪下的平均得分均递增，表明价格因素对消极和中性情绪顾客的满意度有一定影响；服务在三种情绪下的数据变化较小，表明服务对大洋洲顾客情绪影响较小。综上所述，将体验维度按照对大洋洲顾客情绪极性影响水平进行排序（由强到弱），具体为主题、餐饮、便利性、价格及服务。

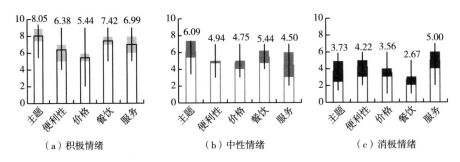

（a）积极情绪　　　　　　　（b）中性情绪　　　　　　　（c）消极情绪

图 5－11　大洋洲顾客的不同情绪极性对应的体验维度

图 5－12 揭示了美洲顾客的消费体验各个维度在正面、负面和中性情绪下的数据分布状态。总体来看，只有消极情绪下美洲顾客对主题、便利性、价格、餐饮以及服务的评分均值较为近似，便利性的评分均值最高；积极情绪和中性情绪下，主题的评分均值最高。从均值来看，主题在积极情绪下的评分均值明显高于在中性情绪下，而在中性情绪下的评分均值又明显高于在消极情绪下，离散性程度没有明显变化，表明主题的类型显著影响美洲顾客情绪；便利性和价格的数据分布状态近似，平均得分在不同情绪下小幅递增，愈加集中，离散性降低，同时价格在中性情绪和积极情绪中全距（最大值与最小值之间的差距）较大，表明便利性和价格对美洲顾客的情绪存在一定影响；餐饮评分数据离散程度逐渐降低，从消极情绪到中性情绪均值变化明显，在积极情绪下的平均得分没有明显提高，表明餐饮对消极情绪的顾客影响显著，而继续优化该方面并不会让"没有不满意"的美洲顾客的满意水平出现明显变化；服务在积极情绪下明显高于在中性情绪下，而中性情绪下的均值得分与消极情绪下相比没有显著提高，表明服务水平提高可显著提高中性情绪下的顾客满意度水平，而对评分较低的顾客的满意度水平影响不大。综上所述，将体验维度按照对美洲顾客情绪极性影响水平进行排序（由强到弱），具体为主题、餐饮、服务、便利性及价格。

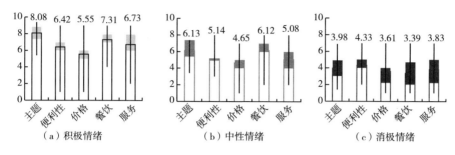

图 5 - 12　美洲顾客的不同情绪极性对应的体验维度

图 5 - 13 揭示了非洲顾客的消费体验各个维度在正面、负面和中性情绪下的数据分布状态。鉴于非洲顾客评论数据量小，且在不同消费体验的分布差异较大，因此本组数据的离散特征参考意义较小，不予详细分析（本节下文皆不分析非洲顾客评论数据的离散性）。总体来看，三种情绪下非洲顾客对主题、便利性、价格、餐饮以及服务的评分均值都存在一定差异性；积极情绪下，主题的评分均值最高；中性情绪下，餐饮的评分均值最高；消极情绪下，服务的评分均值最高。从均值来看，主题在积极情绪下的评分均值明显高于在中性情绪下，而在中性情绪下的评分均值又明显高于在消极情绪下，表明主题的类型显著影响非洲顾客的满意度；便利性、价格和餐饮的数据分布状态近似，从消极情绪到中性情绪均值变化明显，从中性情绪到积极情绪的平均得分小幅提高，表明便利性程度、价格水平及餐饮对非洲顾客的情绪存在一定影响，对消极情绪下的顾客比中性情绪下顾客满意度水平影响更大，该差距在餐饮这一消费体验中最为明显；服务的平均得分从消极情绪到中性情绪，再到积极情绪均小幅提高，表明服务对非洲顾客的满意度存在一定影响。综上所述，将体验维度按照对非洲顾客情绪极性影响水平进行排序（由强到弱），具体为主题、餐饮、服务、价格及便利性。

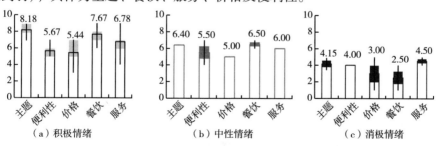

图 5 - 13　非洲顾客的不同情绪极性对应的体验维度

图 5 - 14 揭示了欧洲顾客的消费体验各个维度在正面、负面和中性情绪下的数据分布状态。从均值来看，主题在积极情绪下的评分均值明显高于在中性情绪下，而在中性情绪下的评分均值又明显高于在消极情绪下，表明主题的类型显著影响美洲顾客情绪；便利性和价格的数据分布状态近似，平均得分在不同情绪下小幅递增，同时价格在三种情绪中全距（最大值与最小值之间的差距）较大，价格在积极情绪下评分最为集中，便利性在中性情绪下评分最为集中，表明便利性和价格对美洲顾客的情绪存在一定影响，但影响水平在不同情绪下略有差异；餐饮和服务数据分布变化较为相似，评分数据离散程度逐渐降低，从消极情绪到中性情绪均值变化明显，从中性情绪到积极情绪的平均得分小幅提高，表明餐饮和服务对消极情绪的顾客影响更大，该特征在服务这一维度中更为明显。综上所述，将体验维度按照对美洲顾客情绪极性影响水平进行排序（由强到弱），具体为主题、餐饮、服务、便利性及价格。

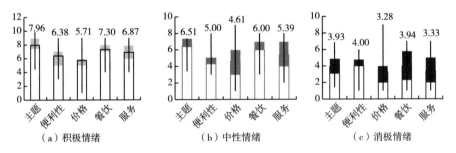

图 5 - 14　欧洲顾客的不同情绪极性对应的体验维度

5.2.2.4　不同情绪对应的消费体验维度对比分析

1. 积极情绪对应的消费体验维度对比分析

本小节通过分析四个国家和地区顾客积极情绪对应的消费体验维度的不同，揭示积极情绪中不同文化背景顾客的消费体验的差异。

图 5 - 15 为积极情绪对应的顾客消费体验维度的箱线图。总体来看，评分均值较高的维度为主题（取值范围为 7.84 ~ 8.18 分），其次为餐饮（取值范围为 7.23 ~ 7.67 分），再次为服务（取值范围为 6.64 ~ 6.99 分）和便利性（取值范围为 5.67 ~ 6.42 分），评分均值最低的维度为价格（取值范围为 5.44 ~ 5.71 分）。其中，在积极情绪下，亚洲（中国除外）顾客对主题的评分最为集中，其他国家或地区的顾客对主题的评分离散型程度相同（全距相同）；美

洲与亚洲（中国除外）顾客对便利性的评分较为集中，此外，非洲顾客对便利性的评分均值为 5.67 分，明显低于其他国家或地区的顾客；在积极情绪下，不同国家或地区的顾客对价格的评分数据离散性较为一致（全距为 1）；同理，在积极情绪下，不同国家或地区的顾客对餐饮的评分数据离散性较为一致（全距为 1）；亚洲（中国除外）顾客对服务的评分较为集中，其余国家或地区对服务的评分的数据离散性较为一致（全距为 2）。从上述分析可看出，在积极情绪下，主题对于六个国家或地区的顾客对主题餐厅的评分均有显著影响，价格因素的优化只能使顾客的评分提高到中等水平；中国顾客的对主题餐厅的不同消费体验评分普遍较高。

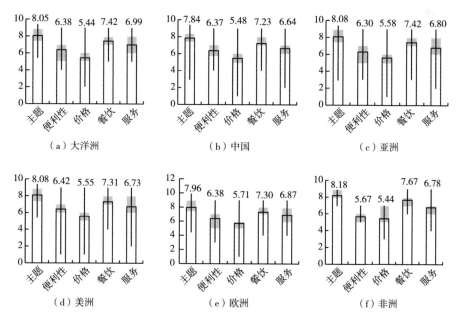

图 5 – 15　积极情绪对应的体验维度

2. 消极情绪对应的消费体验维度对比分析

图 5 – 16 为消极情绪对应的顾客消费体验维度的箱线图。总体来看，评分均值较低的维度为价格（取值范围为 3.0～4.09 分）和餐饮（取值范围为 2.5～4.17 分），其次为主题（取值范围为 3.73～4.64 分），再次为服务（取值范围为 3.3～5.0 分），评分均值最高的维度为便利性（取值范围为 4.0～4.55 分）。其中，在消极情绪下，中国顾客对主题的评分最高（4.64 分），六

个国家或地区的顾客对主题的评分离散型程度相同（全距相同）；欧洲顾客对便利性的评分较为集中，大洋洲顾客的评分最为分散；在消极情绪下，亚洲（中国除外）顾客对价格的评分均值高达4.09分，但评分数据最为离散，其余五个国家或地区的顾客对价格的评分均值集中在3.0～3.61分，以大洋洲顾客的评分最为集中；在消极情绪下，不同国家或地区的顾客对餐饮的评分均值差异较大（如非洲顾客评分均值为2.5分，亚洲（中国除外）顾客评分均值为4.17分），其中大洋洲顾客评分数据最集中，亚洲（中国除外）和欧洲顾客评分数据最离散（全距为3.5）；大洋洲和非洲顾客对服务的评分均值分别为5.0分和4.5分，其余国家或地区对服务的评分均值范围为3.3～3.9分，欧洲和中国顾客评分数据最离散，亚洲（中国除外）和大洋洲顾客评分数据较为集中。从上述分析可看出，在消极情绪下，六个国家或地区顾客的消极情绪与主题餐厅价格和餐饮有较大关系，即顾客对价格和餐饮评价较差时，评分会明显降低；中国和亚洲（中国除外）顾客在消极情绪下对不同体验维度的评分普遍较高。

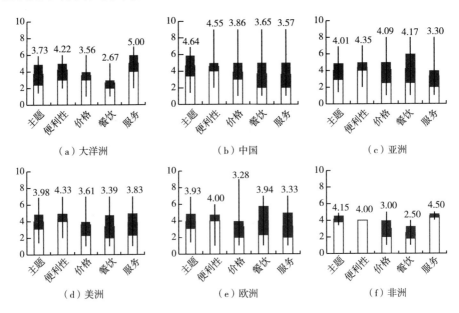

图5-16　消极情绪对应的消费体验维度

3. 中性情绪对应的消费体验维度对比分析

图5-17为中性情绪对应的顾客消费体验维度的箱线图。总体来看，评

分均值较高的体验维度为主题（取值范围为 6.09 ~ 6.51 分）和餐饮（取值范围为 5.44 ~ 6.5 分），其次为便利性（取值范围为 4.94 ~ 5.5 分），再次为服务（取值范围为 4.5 ~ 6 分），评分均值最高的体验维度为便利性（取值范围为 4.49 ~ 5.0 分）。其中，在中性情绪下，欧洲和美洲顾客对主题的评分较为集中；亚洲（中国除外）顾客对便利性的评分较为集中，中国和美洲顾客的评分最为分散；在中性情绪下，非洲顾客对价格的评分最为集中，欧洲顾客的评分数据最为离散，其余四个国家或地区的顾客对价格的评分数据离散程度较为一致（全距为 1）；在中性情绪下，不同国家或地区的顾客对餐饮的评分均值差异较大，（如大洋洲顾客评分均值为 5.44 分，非洲顾客评分均值为 6.5 分），其中欧洲和亚洲（中国除外）顾客评分数据最集中（全距为 1），中国和美洲顾客评分数据最离散（全距为 2）；非洲顾客对服务的评分均值为 6.0 分，其余国家或地区对服务的评分均值范围为 4.5 ~ 5.4 分，亚洲（中国除外）顾客评分数据较为集中（全距为 2）。从上述分析可看出，在中性情绪下，各个国家和地区的顾客对不同体验维度的敏感度差异较大，如多数情况下，中国顾客对主题餐厅呈现出的不同体验维度更为看重，打分更高。亚洲（中国除外）顾客的评分数据较为集中，大洋洲顾客的评分总体偏低。

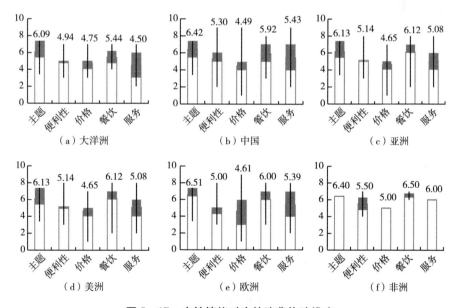

图 5-17　中性情绪对应的消费体验维度

5.2.3　结论分析

借鉴消费体验理论，本书对四个不同国家与地区（包括中国、亚洲（中国除外）、欧洲和美洲）顾客的消费体验进行了社会网络分析和情绪分析。

总体社会网络分析结果发现，各个国家和地区共同的认知维度有六个，即服务、便利性、餐饮、价格、主题和消费目的，情绪极性共有三个，即积极情绪、消极情绪以及中性情绪；"服务"和"便利性"是全体顾客最为重视的认知因素。总体顾客的情绪反应可划分为愤怒、失望、遗憾、不舒服、接受、平静、期待、舒服、满意及兴奋。从模块化来看，第一个模块是中国顾客的消费体验，其中认知维度包括人气、知名度、时间、消费目的、出名、积极情绪、等级、回忆、商务、旅游、家人、尝试、朋友、米其林，情感维度包括兴奋、喜欢、期待、平静、满意；第二个模块是美洲、亚洲（中国除外）顾客的消费体验，包括态度、服务、食材、餐饮、店员、味道、地点、位置、食物、便利、前台、类型、接待、小吃、摆盘、特色、地铁、等位、设备、主菜、数量、酒水、交通；第三个模块是欧洲顾客的消费体验，其中认知维度包括主题、素食、文创、食物原料、民族、中式、宾馆、规模、酒楼、历史、品牌、怀旧、咖啡店；情感维度包括遗憾、失望；第四个模块是非洲顾客的消费体验，其中认知维度包括促销、价格、价值、便宜、贵；情感维度包括氛围、环境、建筑、装修、家具、风景、空气。从模块化的情况可以得出如下结论，中国的顾客和其他三个国家地区的顾客在体验上有差异，其更多地呈现积极情绪和中性情绪的情况；而欧洲的顾客会呈现消极的情绪；美洲的顾客和亚洲的顾客在情绪上并不呈现明显的正负面倾向。

总体情绪分析结果发现，中国顾客和大洋洲顾客的情绪得分较高，主要倾向于积极情绪与中性情绪，该特征在中国顾客的情绪分布中更为明显；与其他国家或地区相比，亚洲（中国除外）顾客和非洲顾客的情绪在中性情绪和消极情绪的评价比重较大，而积极情绪比重相比其他国家和地区明显较小；美洲顾客的情绪主要分布在积极情绪，相比其他国家或地区对于积极情绪和中性情绪的倾向较小。同时，在不同情绪极性对应的消费体验维度对比分析中，研究发现中国顾客对主题餐厅的不同体验维度评分普遍较高，进一步证实中国顾客的积极和中性情感体验倾向。

如表 5 - 19 所示，从总体来看，中国和大洋洲顾客的情绪体验特征相似，即中国和大洋洲顾客对主题餐厅倾向于正面和中性评价的特征更为明显；而亚洲（中国除外）和非洲顾客的情绪体验特征相似，即亚洲（中国除外）和非洲顾客对主题餐厅倾向于负面和中性评价的特征更为明显；美洲顾客和欧洲顾客各单独划分为一类，意味着美洲顾客和欧洲顾客的情感体验较为独特，前者相比其他国家对积极情绪的倾向更大，后者则相比其他国家对消极情绪的倾向更大。

表 5 - 19　　　　　　　　　　　不同国家和地区情绪分析小结

国家和地区	情绪极性（特征）	情感维度（正面）	情感维度（负面）
中国顾客和大洋洲顾客	积极情绪、中性情绪	接受、平静、期待、舒服、满意、兴奋	—
美洲顾客	积极情绪	期待、舒服、满意、兴奋	—
亚洲顾客和非洲顾客	中性情绪、消极情绪	接受、平静	愤怒、失望、遗憾、不舒服
	中性情绪、消极情绪	接受、平静	愤怒、不舒服
欧洲顾客	消极情绪	—	愤怒、失望、遗憾、不舒服

第6章

文化维度与主题餐厅顾客消费体验关系研究

本部分通过数据挖掘采集探究了不同国家和地区的主题餐厅的顾客文本评论数据，揭示了文化差异带来的顾客消费体验差异。其中，第一部分根据Hofstede的跨文化理论，分析消费体验与文化维度之间的相关性，解析文化维度对不同文化背景顾客出现消费体验差异的影响；第二部分通过在线文本采集进行变量测量，检验顾客满意度与消费体验关系以及文化距离的调节作用。在进一步研究中，基于Hofstede文化距离理论，以不同国家和地区的主题餐厅顾客为研究对象，分析文化背景对顾客消费体验的作用机制，探索Hofstede的文化维度和消费体验的关联，以及文化距离对顾客消费体验对满意度的中介作用。

6.1 文化维度与消费体验的相关性分析

不同文化背景的顾客的消费体验是存在差异的（Franceso et al., 2019）。一项针对不同旅游服务因素的研究发现：日韩顾客对关岛的餐饮和酒店的服务质量体验感比较低，日本旅客更注重旅行的性价比，韩国旅客认为去关岛的价格较高；日本和韩国顾客都关注质量、环境、个人安全以及洁净程度等因素，但后者对上述因素的体验感并不高；日本游客的平均满意度更高，重游意愿、推荐意愿更强（Lee，2009）。不同文化背景的顾客对餐饮服务的体验以及态度也存在较大的差异，例如在研究快餐顾客消费体验时，发现韩国顾客和菲律宾顾客最为在意菜品价格，韩国顾客对剩余因素重要性排序依次是品牌、食物、服务与卫生，而菲律宾顾客对剩余因素重要性排序依次是食物、服务、卫生与品牌（Baek et al.，2006）。此外，不同文化背景的游客对旅游概念的理解也不尽相同（Buckley et al.，2008）。

学者们广泛关注产生上述差异的原因，传统的研究大多从重要性 – 绩效分析的视角进行探索，缺陷是忽略了顾客所在国家的语言、习惯等文化背景造成的影响（Csapo，2012）。学者提出的国家文化维度指数在文化差异测定和文化差异对消费体验的关系上得到了广泛应用（Oyserman，2006；Reimann et al.，2008；Gao et al.，2018）。学者在文献研究时，归纳出北美、亚洲及拉丁美洲文化特征的差异，北美文化的特征是权力距离小、强调个人主义、崇尚男性气质及不确定规避较低，而部分亚洲和拉丁美洲文化的特征是权力距离较大、强调集体主义及不确定规避较高（Kimm，2004）。在一项分析 Hofstede 国家文化六维度指数与顾客满意度的相互关系的研究中，学者提出在中国香港特别行政区和澳大利亚所有地区的全体样本中，IDV、IVR、PDI 和 LTO 对游客满意度存在显著影响；[①] 而香港特别行政区和澳大利亚部分地区样本（墨尔本和悉尼）则反映出 UAI 负向影响游客满意度。因此，基于 Hofstede 国家文化维度理论来研究顾客消费体验具有一定意义（Hofstede，1991；Money et al.，2003）。其中，PDI 表示社会对于权力在社会或组织中不平等分配的接受程度；MAS 表示社会中的价值取向；IDV 表示集体利益相较于个人利益被公众看重的程度；UAI 表示对不确定和风险的接受程度；LTO 表示个体或群体面向未来的偏好；IVR 指个体自由受到社会规范的限制程度。

以 IBM 公司几千名职工作为研究对象，通过分析其不同文化背景，提出测量文化差异的四维度霍夫斯塔德（Hofstede，1980）：PDI、MAS、IDV、UAI；在此基础上，补充了 LTO 和 IVR 两个维度。

---

① Huang S S, Crotts J. Relationships between Hofstede's cultural dimensions and tourist satisfaction: A cross-country cross-sample examination [J]. Tourism Management, 2019, 72: 232 –241.

6.1.1　研究样本与数据来源

本书选取昆明、杭州、福州、香港特别行政区、厦门、中国台湾地区台北市和澳门特别行政区等 14 个最佳旅游目的地（根据猫途鹰的评选结果）的主题餐厅顾客评论数据。其中，国内顾客样本来自 26 个省和 5 个自治区；国外顾客来自北美洲、亚洲、欧洲、大洋洲、南美洲。本书从数据爬虫结果中选取覆盖餐厅主题、便利性、价格、餐饮、服务五个维度的文本数据 1 926 条。根据词频占比统计，上述五个维度在不同文化背景样本中占比皆超过 80%，为这五个维度的选取提供了合理性，同时保证了回归分析的有效性。

在文化距离的测量上，本书根据科格特（kogut，1998）年提出的方法进行文化距离的测量方法：

$$CD_j = \frac{1}{n} \sum_{k=0}^{n} \frac{(I_{ij} - I_{ib})^2}{V_i}$$

其中，CD_j 指的是第 j 个国家或地区和基准国家和地区之间的文化距离。I_{ij} 指的是第 j 个国家和地区在第 i 个文化维度上的得分。I_{ib} 指的是基准国家和地区在第 i 个文化维度上的得分。V_i 指的是样本中所有 I_{ij} 和 I_{ib} 之差组成的这组数的方差。在本书的研究中，以中国为基准，根据 hofstede-insights. com 网站提供的各个维度的得分可以计算出其他地区与中国的文化距离。

6.1.2　Hofstede 文化维度和消费体验维度的相关性分析

6.1.2.1　Hofstede 文化维度之间的相关性分析

本书采用 Stata13 对主要变量进行分析。如表 6 - 1 所示，全样本为 2010 年至 2021 年的数据，其中样本一包含 2010 ~ 2016 年共 1 003 条数据，样本二包含 2017 ~ 2021 年共 923 条数据。

表 6 – 1　　　　　　　　　　文化维度的相关系数

全样本	权利距离 （PDI）	个人主义 （IDV）	男性偏向 （MAS）	不确定规避 （UAI）	长期定位 （LTO）	放纵 （IVR）
权利距离（PDI）	1					
个人主义（IDV）	− 0. 714 ***	1				
男性偏向（MAS）	− 0. 0860	0. 168	1			
不确定规避（UAI）	0. 241 *	− 0. 133	0. 141	1		
长期定位（LTO）	− 0. 0410	0. 0850	0. 107	0. 0930	1	
放纵（IVR）	− 0. 507 ***	0. 445 ***	0. 0110	− 0. 334 **	− 0. 185	1
样本一						
权利距离（PDI）	1					
个人主义（IDV）	− 0. 918 ***	1				
男性偏向（MAS）	0. 120 ***	− 0. 052 *	1			
不确定规避（UAI）	− 0. 376 ***	0. 419 ***	0. 183 ***	1		
长期定位（LTO）	0. 708 ***	0. 803 ***	0. 297 ***	0. 505 ***	1	
放纵（IVR）	− 0. 875 ***	0. 885 ***	0. 216 ***	0. 314 ***	0. 820 ***	1
样本二						
权利距离（PDI）	1					
个人主义（IDV）	− 0. 935 ***	1				
男性偏向（MAS）	0. 233 ***	0. 213 ***	1			
不确定性规避（UAI）	− 0. 410 ***	0. 498 ***	0. 268 ***	1		
长期定位（LTO）	0. 686 ***	0. 792 ***	0. 394 ***	0. 579 ***	1	
放纵（IVR）	− 0. 871 ***	0. 899 ***	0. 324 ***	0. 379 ***	0. 792 ***	1

注：*** 表示 P < 0. 01，** 表示 P < 0. 05，* 表示 P < 0. 1。

从全样本分析，PDI 与 IDV 存在显著负相关关系（$\beta = -0.714$，$p < 0.01$），如表 6 – 1 所示，样本一和样本二中也分别体现同样的负相关关系，并且较全样本更为显著（$\beta_1 = -0.918$，$p < 0.01$；$\beta_2 = -0.935$，$p < 0.01$）。说明社会分化越大的国家和地区越崇尚集体主义，对于个人追求的趋向更低。PDI 与 IDV 存在较强负相关（$\beta = -0.507$，$p < 0.01$），这一关系在样本一和样本二中同样有更明显的体现（$\beta_1 = -0.875$，$p < 0.01$；$\beta_2 = -0.871$，$p < 0.01$），表明

社会分化越明显的国家和地区，越倾向于克制和自我约束。

IDV 与 IVR 存在一定程度的正相关（$\beta = -0.445$，$p < 0.01$），样本一和样本二中相关程度更强（$\beta_1 = -0.885$，$p < 0.01$；$\beta_2 = -0.899$，$p < 0.01$），说明个人主义越盛行的国家和地区，人们越趋向于释放本性、放纵自己。

全样本中，UAI 与 PDI 存在较弱正相关（$\beta = -0.241$，$p < 0.1$），同时在样本一和样本二中均表现为较弱负相关（$\beta_1 = -0.376$，$p < 0.01$；$\beta_2 = -0.410$，$p < 0.01$）。相关性均较弱，但样本一和样本二的结果更为显著，更具有参考价值，由此可以得出社会阶层差距越大的国家和地区越能接受不确定性。

全样本中，UAI 与 IVR 存在较弱负相关（$\beta = -0.334$，$p < 0.05$），而样本一和样本二中均表现为更为显著的较弱正相关（$\beta_1 = 0.314$，$p < 0.01$；$\beta_2 = 0.379$，$p < 0.01$）。参考样本一与样本二的结果可知，越倾向于规避不确定性的国家和地区越愿意选择放纵的生活方式。

总体而言，PDI 与 IDV、PDI 与 IVR、IVR 与 IDV 等存在极为显著的相关关系，PDI 与 UAI、UAI 与 IVR 同样存在显著的相关关系。

6.1.2.2 Hofstede 文化维度和消费体验维度的相关性分析

表 6-2 为 Hofstede 五个维度与消费体验的相关性。从全样本看，MAS 与餐厅主题存在显著且正向的弱相关（$\beta = 0.084$，$p < 0.01$），样本一中结果一致（$\beta_1 = 0.087$，$p < 0.01$），样本二中虽然同为弱正相关，但显著性有所下降（$\beta_2 = 0.059$，$p < 0.1$）。

同时，Hofstede 维度中的 IVR 与餐厅主题存在负向弱相关（$\beta = -0.042$，$p < 0.1$），样本二与全样本结果一致（$\beta_2 = -0.123$，$p < 0.01$），样本一中表现为正向弱相关（$\beta_1 = 0.066$，$p < 0.05$）。全样本中，MAS 与价格具有弱正相关（$\beta = 0.039$，$p < 0.1$），样本一中这一关系同为正相关但不显著，样本二与全样本一致（$\beta_2 = 0.060$，$p < 0.1$）。从全样本看，Hofstede 维度中 IVR 与餐厅餐饮存在弱负相关（$\beta = -0.048$，$p < 0.05$），而样本一和样本二中均表现为弱正相关（$\beta_1 = 0.053$，$p < 0.1$；$\beta_2 = 0.132$，$p < 0.01$）。Hofstede 维度中 MAS 与餐厅服务在全样本中具有弱正相关（$\beta = 0.048$，$p < 0.05$），而样本一和样本二中这一关系均不显著。

表 6 - 2　　　　　　　　　文化维度与消费体验的相关系数

全样本	主题（Theme）	便利性（convenience）	价格（Price）	食物（Food）	服务（Service）
权利距离（PDI）	0.010	- 0.015	- 0.012	0.029	- 0.021
个人主义（IDV）	- 0.009	0.011	0.008	- 0.033	0.024
男性偏向（MAS）	0.084***	0.005	0.039*	0.024	0.048**
不确定性规避（UAI）	0.016	0.013	- 0.017	0.013	0.029
长期定位（LTO）	0.033	0.004	0.010	0.025	- 0.002
放纵（IVR）	- 0.042*	0	0.011	- 0.048**	- 0.001
样本一					
权利距离（PDI）	- 0.092***	- 0.053*	- 0.045	- 0.053*	- 0.085***
个人主义（IDV）	0.091***	0.045	0.054*	0.055*	0.091***
男性偏向（MAS）	0.087***	0.011	0.012	0.006	0.037
不确定规避（UAI）	0.076**	0.043	0.030	0.080**	0.081**
长期定位（LTO）	- 0.060*	- 0.032	- 0.054*	- 0.075**	- 0.075**
放纵（IVR）	0.066**	0.040	0.052	0.053*	0.073**
样本二					
权利距离（PDI）	0.092***	0.007	0.005	0.092***	0.022
个人主义（IDV）	- 0.086***	0.007	- 0.019	0.103***	- 0.023
男性偏向（MAS）	0.059*	- 0.014	0.060*	0.026	0.046
不确定规避（UAI）	- 0.031	- 0.011	- 0.060*	- 0.049	- 0.016
长期定位（LTO）	0.097***	0.022	0.057*	0.105***	0.048
放纵（IVR）	- 0.123***	- 0.024	0.004	0.132***	- 0.054

注：*** 表示 P < 0.01，** 表示 P < 0.05，* 表示 P < 0.1。

6.1.3　分析结论

本书对 Hofstede 文化维度和消费体验维度之间的相关性进行研究，得出两个结论。首先，在主题餐厅的不同国家和地区的顾客样本中，PDI 与 IDV 以及 IVR 等维度显著负相关，与 UAI 存在正相关关系，与 IDV 存在一定程度的正相关；UAI 与 PDI 存在正相关关系。同时，研究表明，以相关性强度进行由强至弱的排序依次是 PDI 和 IDV、IDV 和 IVR、LTO 和 IVR、PDI 和 IVR、

IDV 和 LTO 及 UAI 和 IVR。其次，在主题餐厅的不同国家和地区的顾客样本中，MAS 以及 IVR 与餐厅主题存在显著正相关关系，同时，MAS 与主题餐厅价格、服务具有弱正相关关系。同时，研究表明，以消费体验的相关性强度进行由强至弱的排序依次是 IVR、LTO 和 IDV、PDI 以及 UAI。

综上所述，本书利用主题餐厅在不同文化背景下的顾客样本，对 Hofstede 的跨文化理论中的六个维度中的 PDI、IDV、UAI、MAS 和 IVR 五个维度进行相关性分析。研究对象来自六个不同的国家和地区，具备和 Hofstede 的五个维度的相关性一致的特征。本书发现：PDI 和 IDV 及 IVR 的显著负相关关系意味着社会阶级差距大的社会中对个人利益的重视越不明显，具有更低放纵的生活方式的可能性，与部分亚洲和拉丁美洲文化特征相同。PDI 和 UAI 的显著负相关关系表明社会阶级差距大的文化越倾向于规避不确定性，亚洲各国的文化总体上也具备这个特征。IDV 和 IVR 呈显著正相关关系，表明越推崇个人主义的文化越趋向于释放本性、放纵自己，与西方国家的文化特征相同。UAI 与 IVR 存在负相关关系，表明越倾向于规避不确定性的国家和地区越愿意选择放纵的生活方式。①

6.2　文化距离调节下的顾客消费体验与满意度的关系

上文研究了 Hofstede 的五个文化维度之间的关联结构及其联系紧密性，同时探讨了上述文化维度和消费体验的关联结构。下文将从 Hofstede 跨文化理论角度出发，深度探索顾客消费体验和顾客满意度的关系，同时测量文化距离在该关系中的作用。

以往的研究大多数关注与顾客行为相关的变量，选择特定文化背景下的顾客进行研究（Reisinger et al.，1997），并没有根据顾客的异质性来进行市场细分研究。不同文化背景的顾客因其风俗习惯、思维方式、价值观念、人际关系以及社会经验的不同，在对相同的服务与产品的质量体验或者使用体验上存

---

① Hofstede G. Dimensionalizing cultures：The Hofstede model in context［J］. Online Readings in Psychology and Culture，2011，2（1）：8.

在明显差异（Han et al., 2017），进而产生不同的满意度水平。基于以上阐述，下文将检验文化距离在消费体验与顾客满意度两者关系中的调节作用。

6.2.1 理论分析与研究假设

（1）消费体验与满意度的关系。认知（cognition）和情感（affection）是学术界一致认可的关于顾客行为的关键因素。在旅游和餐饮领域，认知是指游客/顾客通过对目的地或餐厅外部信息进行收集与整合进而形成的思维映射；情感包括游客/顾客对旅游目的地餐厅的服务体验的感官和精神上的享受（Decrop，1999）。

消费体验是指顾客对体验对象的整体感受，具体可划分为认知和情感两个维度，认知指顾客对餐厅的外在条件的评价，如餐点、菜单、便利、促销、背景音乐、清洁程度、餐厅主题、装修风格、设施设备等（Meng et al.，2017）；情感则指顾客对餐厅的内在条件的体验，如唤醒、愉悦、难过、不愉快及紧张等（Russell et al.，1980）。主题餐厅的顾客的总体消费体验由认知及情感构成。

满意度与认知和情感关系密切，从认知的角度来看，满意度是其对旅游目的地或餐厅的服务绩效与初始评价标准的一致性的反映，而顾客情感是影响其满意度的重要因素（Oliver，1980）。

综上所述，提出以下假设：

假设 6 – 1a：主题餐厅顾客对餐厅主题的体验效用正向影响满意度水平。

假设 6 – 1b：主题餐厅顾客对餐厅便利性的体验效用正向影响满意度水平。

假设 6 – 1c：主题餐厅顾客对餐厅价格的体验效用正向影响满意度水平。

假设 6 – 1d：主题餐厅顾客对餐厅餐饮的体验效用正向影响满意度水平。

假设 6 – 1e：主题餐厅顾客对餐厅服务的体验效用正向影响满意度水平。

（2）文化距离的调节作用。文化距离（cultural distance）即客源地与目的地之间的文化的差异程度，学者们主要通过五种方法对其测量：一是对文化距离指数①（cultural distance index）的测量，基于 Hofstede 的六个文化维度

---

① Kogut B，Singh H. The effect of national culture on the choice of entry mode ［J］. Journal of international business studies，1988，19：411 –432.

进行测量；二是文化聚类距离指数测量（cultural cluster distance index；Clark et al.，2001）），基于不同国家和地区之间的语言、信仰及地理位置的差异可将文化差异聚类为拉丁聚类和"其他"聚类，前者包括拉丁欧洲和拉丁美洲，后者则包含近东、远东、阿拉伯和独立的聚类；三是文化距离感知评估（ratings of perceived cultural distance），通过让游客或顾客对客源地和目的地的文化打分来得到个体层面文化距离评估，此法投入成本较高；四是提出的语言距离（linguistic distance；West et al.，2004），根据语系的不同对语言进行分类，进一步测定文化差异；五是提出的文化多样性指数（cultural diversity index；Jackson，2001），该方法基于 Hofstede 文化维度划分方法，对不同国家和地区的文化进行评分并排序，依次测量不同国家和地区之间的文化差异。

如上文所述，满意度是其对旅游目的地或餐厅的服务绩效与初始评价标准的一致性的反映（Oliver，1980）。不同来源国家或地区的顾客在文化背景上的差异造成个体之间的异质性，例如东亚各国的文化被认为具有集体主义倾向、较低的不确定性规避的特征；西方各国的文化则被认为具有权力距离小、倾向个人主义、较高的不确定性规避及追求短期目标的文化特征（Hofstede et al.，2011）。同时有研究表明，上述文化维度与顾客行为有显著相关关系，在一项测定航空服务质量的研究中，研究结果发现权力距离与满意度呈显著正相关关系；个人主义、不确定规避以及男性气质与满意度呈负相关关系；长期定位与满意度负相关，与空间舒适、顾客服务等呈正相关关系；放纵与总体满意度无相关关系，与座位、洁净程度、顾客服务、空间舒适、娱乐项目以及检票正相关（Stamolampros et al.，2019）。顾客对服务的评价是对满意度的直接反映。研究者在对澳大利亚所有地区和中国香港特别行政区的游客进行满意度调查时，发现顾客满意度与权力距离、长期定位和男性气质负相关，与不确定规避无关（Huang et al.，2009）。综上所述，Hofstede 文化理论划分的维度与顾客满意度有密切关系。

文化距离可对不同文化背景的文化差异进行测量（应舜，2019），游客更加倾向文化差距小的旅游地点（Spradley et al.，1972）。因此，不同细分市场在对餐厅服务绩效和期望值的一致性上存在显著差异。若顾客初始评价标准和体验到的服务绩效的一致性较低，则会产生诸如压力、焦虑及不确定性等不良情绪（Reisinger et al.，1998），从而降低满意度水平。

综上所述，本书提出研究假设如下：

假设 6 – 2a：文化距离对顾客的主题体验效用和满意度之间的关系存在负向调节作用，即文化距离越大，顾客主题体验效用对满意度的积极影响越弱。

假设 6 – 2b：文化距离对顾客的便利性体验效用和满意度之间的关系存在负向调节作用，即文化距离越大，顾客便利性体验效用对满意度的积极影响越弱。

假设 6 – 2c：文化距离对顾客的价格体验效用和满意度之间的关系存在负向调节作用，即文化距离越大，顾客价格体验效用对满意度的积极影响越弱。

假设 6 – 2d：文化距离对顾客的餐饮体验效用和满意度之间的关系存在负向调节作用，即文化距离越大，顾客餐饮体验效用对满意度的积极影响越弱。

假设 6 – 2e：文化距离对顾客的服务体验效用和满意度之间的关系存在负向调节作用，即文化距离越大，顾客服务体验效用对满意度的积极影响越弱。

6.2.2　模型与描述统计

6.2.2.1　研究模型

为检验文化距离对顾客体验和顾客满意度的调节效应，本书的回归模型为：

$$OverallSatisfaction = \beta_0 + \beta_{1i} \sum_{i=1}^{5} Image + \beta_2 CultureDistance +$$

$$\beta_{3i} CultureDistance \times \sum_{i=1}^{5} Image + \beta_{4m} \sum_{m=1}^{2} Year +$$

$$\beta_{5n} \sum_{m=1}^{9} Class + \varepsilon$$

其中，$OverallSatisfaction$ 为总体满意度，$Image$ 是表示顾客对餐厅消费体验的解释变量，$i = 1$ 时为主题体验效用、$i = 2$ 时为便利性体验效用、$i = 3$ 时为价格体验效用、$i = 4$ 为餐饮体验效用、$i = 5$ 为服务体验效用。$CultureDistance$ 是解释变量文化距离。$CultureDistance \times \sum_{i=1}^{5} Image$ 为调节变量，$Year$（点评时间）、$Class$（主题分类）为控制变量。

6.2.2.2 相关变量描述统计

如表6-3所示，主题餐厅的总体顾客满意度最大值为5，最小值为1，平均值为4.356，说明顾客对于主题餐厅的总体评价较高。除中国以外的评论共874条，其中文化距离最大值为26.95，最小值为1.514，平均值为3.306，表明大部分顾客来自和中国文化距离相近的国家和地区。五个消费体验维度，餐厅主题、便利性、价格、餐饮、服务的均值分别为7.322、6.008、5.287、6.869、6.332，在1至10的区间内属于中上水平；这五个维度均值间差距较小，说明顾客对于主题餐厅的五个主要消费体验维度的总体评价较好且各消费体验维度间相差不大。同时也体现了一些细微的差距，如对餐厅主题的评价总体而言最好，而对于餐厅价格的评价是最低的。对于点评时间这一变量，$year_{class} = 1$ 为 2010 ~ 2016 年的评论，$year_{class} = 2$ 为 2017 ~ 2021 年的评论，其均值为1.479，略小于1.5，说明两个时间段内评论数量几乎一致，2010 ~ 2016 年数据略多。九个主题分类中，$class4$ 类型主题餐厅的均值最大，为0.367，表明这一主题分类的餐厅是最多的。最少的是 $class8$ 虚构主题餐厅，均值仅为0.0213。

表6-3 相关变量的描述性统计

变量	(1)	(2)	(3)	(4)	(5)	(6)	(7)	(8)
	N	mean	sd	Min	max	var	skewness	kurtosis
Satisfaction	1 926	4.356	0.918	1	5	0.842	-1.554	5.269
year_class	1 926	1.479	0.500	1	2	0.249	0.083	1.007
theme_class	1 926	4.839	2.116	1	9	9	0.538	2.619
Theme	1 926	7.322	1.506	1	10	10	-1.339	5.139
Convenience	1 926	6.008	1.390	1	9	9	0.117	3.147
Price	1 926	5.287	1.448	1	9	9	-0.168	4.132
food	1 926	6.869	1.564	1	9	9	-1.262	4.880
service	1 926	6.332	1.621	1	9	9	-0.862	3.834
culture_distance	1 926	1.500	2.170	0	26.95	26.95	4.609	50.61
culture_distance (except China)	874	3.306	2.098	1.514	26.95	4.403	8.471	90.73
class 1（怀旧）	1 926	0.0478	0.213	0	1	1	4.241	18.98

续表

变量	（1） N	（2） mean	（3） sd	（4） Min	（5） max	（6） var	（7） skewness	（8） kurtosis
class 2（历史）	1 926	0.0353	0.185	0	1	1	5.036	26.36
class 3（民族）	1 926	0.154	0.361	0	1	1	1.915	4.667
class 4（类型）	1 926	0.367	0.482	0	1	1	0.554	1.307
class 5（素食）	1 926	0.0384	0.192	0	1	1	4.803	24.07
class 6（中式）	1 926	0.153	0.360	0	1	1	1.932	4.731
class 7（文创）	1 926	0.0706	0.256	0	1	1	3.352	12.24
class 8（虚构）	1 926	0.0213	0.144	0	1	1	6.633	45.00
class 9（品牌）	1 926	0.113	0.317	0	1	1	2.442	6.962

注：*** 表示 $P < 0.01$，** 表示 $P < 0.05$，* 表示 $P < 0.1$。

表 6 - 4 为主要变量的相关性分析结果。文化距离与总体满意度呈负相关关系（$\beta = 0.058$，$p < 0.05$），即文化距离越大，顾客对于主题餐厅的满意度越低。总体满意度与主题餐厅五个维度的体验效用均存在不同程度的正相关，主题、便利性、价格、餐饮、服务等体验效用对应的相关系数分别为 0.159、0.056、0.014、0.100、0.075，除价格外均显著；总体而言，说明顾客对于主题餐厅的消费体验评价越好，对于餐厅的总体满意度水平越高。从控制变量看，点评时间 year 与五个消费体验均显著相关，且与文化距离呈显著负相关。由于 class 1 至 class 9 为虚拟变量的九个类别，不考虑其相关性。

表 6 - 4　　　　　　　　　　　　主要变量的相关性分析

变量	satisfaction	theme	convenience	price	food	service	culture dis
satisfaction	1						
theme	0.159 ***	1					
convenience	0.056 **	0.486 ***	1				
price	0.0140	0.410 ***	0.294 ***	1			
food	0.100 ***	0.697 ***	0.402 ***	0.353 ***	1		
service	0.075 ***	0.635 ***	0.394 ***	0.277 ***	0.521 ***	1	
culture distance	− 0.058 **	− 0.0320	0.0100	− 0.0110	− 0.0140	0.00800	1
year class	− 0.00800	0.120 ***	0.060 ***	0.079 ***	0.114 ***	0.093 ***	− 0.166 ***

变量	satisfaction	theme	convenience	price	food	service	culture dis
class 1（怀旧）	− 0.0130	− 0.00600	0.0180	0.00900	0.00600	− 0.0110	0.0170
class 2（历史）	0.0300	− 0.00400	− 0.0310	0.0200	0.00900	0.00200	− 0.00500
class 3（民族）	0.0130	0.072 ***	0.0270	0.0170	0.059 ***	0.070 ***	− 0.0180
class 4（类型）	− 0.054 **	− 0.113 ***	− 0.168 ***	− 0.00200	− 0.115 ***	− 0.093 ***	0.0220
class 5（素食）	0.00500	0.054 **	0.0340	0	0.0360	0.054 **	− 0.055 **
class 6（中式）	0.0160	0.0220	0.087 ***	− 0.00200	0.00700	− 0.041 *	0.0360
class 7（文创）	0.00800	0.042 *	− 0.00200	− 0.057 **	0.0320	0.055 **	0.00500
class 8（虚构）	0.0170	0.00400	− 0.0290	− 0.052 **	− 0.0270	0.0140	− 0.072 ***
class 9（品牌）	0.0230	0.00200	0.127 ***	0.039 *	0.055 **	0.0300	− 0.00100

	year class	class 1（怀旧）	class 2（历史）	class 3（民族）	class 4（类型）	class 5（素食）	class 6（中式）
year class	1						
class 1（怀旧）	0.0190	1					
class 2（历史）	0.00200	− 0.043 *	1				
class 3（民族）	0.0340	− 0.096 ***	− 0.082 ***	1			
class 4（类型）	− 0.00500	− 0.170 ***	− 0.146 ***	− 0.325 ***	1		
class 5（素食）	0.046 **	− 0.045 **	− 0.038 *	− 0.085 ***	− 0.152 ***	1	
class 6（中式）	− 0.049 **	− 0.095 ***	− 0.081 ***	− 0.181 ***	− 0.323 ***	− 0.085 ***	1
class 7（文创）	0.0160	− 0.062 ***	− 0.053 **	− 0.118 ***	− 0.210 ***	− 0.055 **	− 0.117 ***
class 8（虚构）	− 0.084 ***	− 0.0330	− 0.0280	− 0.063 ***	− 0.112 ***	− 0.0290	− 0.063 ***
class 9（品牌）	0.00800	− 0.080 ***	− 0.068 ***	− 0.153 ***	− 0.272 ***	− 0.071 ***	− 0.152 ***

	class 7（文创）	class 8（虚构）	class 9（品牌）
class 7（文创）	1		
class 8（虚构）	− 0.041 *	1	
class 9（品牌）	− 0.098 ***	− 0.053 **	1

注：*** 表示 P < 0.01，** 表示 P < 0.05，* 表示 P < 0.1。

6.2.3　实证检验与结果分析

6.2.3.1　VIF 检验

为检验顾客消费体验对总体满意度的影响及文化距离的调节作用，仍采用 Stata13.0 进行分析。对主要变量进行方差膨胀因子（VIF）的检验如见表 6 - 5，检验结果表明除部分主题类别虚拟变量 VIF 较大外，其余变量 VIF均小于 3，所有变量的 VIF 均值 3.86 较小，说明多重共线性程度较轻，对回归结果不会产生过多影响。

表 6 - 5　　　　　　　　相关变量的 VIF 检验

变量	VIF	1/VIF
class 4（类型）	11.650	0.086
class 3（民族）	7.020	0.142
class 6（中式）	6.970	0.143
class 9（品牌）	5.690	0.176
class 7（文创）	4.040	0.247
class 1（怀旧）	3.130	0.319
class 5（素食）	2.730	0.367
Theme	2.700	0.371
class 2（历史）	2.590	0.386
food	2.030	0.493
service	1.750	0.572
convenience	1.420	0.706
price	1.250	0.801
year_class	1.030	0.972
Mean VIF	3.86	

6.2.3.2　检验结果分析

表 6 - 6 描述了顾客消费体验与总体满意度之间的关系，分为 7 个模型。模型（6 - 1）为基本模型，只包含评论时间和主题分类两个控制变量，具体模型为：

$$OverallSatisfaction = \beta_0 + \beta_{4m} \sum_{m=1}^{2} Year + \beta_{5n} \sum_{m=1}^{9} Class + \varepsilon \qquad (6-1)$$

模型（6-2）至模型（6-6）分别包含了餐厅的主题、便利性、价格、餐饮、服务这五个消费体验维度，具体模型分别为：

$$OverallSatisfaction = \beta_0 + \beta_{11} Image_1 + \beta_{4m} \sum_{m=1}^{2} Year + \beta_{5n} \sum_{m=1}^{9} Class + \varepsilon$$
$$(6-2)$$

$$OverallSatisfaction = \beta_0 + \beta_{12} Image_2 + \beta_{4m} \sum_{m=1}^{2} Year + \beta_{5n} \sum_{m=1}^{9} Class + \varepsilon$$
$$(6-3)$$

$$OverallSatisfaction = \beta_0 + \beta_{13} Image_3 + \beta_{4m} \sum_{m=1}^{2} Year + \beta_{5n} \sum_{m=1}^{9} Class + \varepsilon$$
$$(6-4)$$

$$OverallSatisfaction = \beta_0 + \beta_{14} Image_4 + \beta_{4m} \sum_{m=1}^{2} Year + \beta_{5n} \sum_{m=1}^{9} Class + \varepsilon$$
$$(6-5)$$

$$OverallSatisfaction = \beta_0 + \beta_{15} Image_5 + \beta_{4m} \sum_{m=1}^{2} Year + \beta_{5n} \sum_{m=1}^{9} Class + \varepsilon$$
$$(6-6)$$

模型（6-7）为包含评论时间、主题分类及五个消费体验维度等变量的全模型，具体模型如下：

$$OverallSatisfaction = \beta_0 + \beta_{1i} \sum_{i=1}^{5} Image + \beta_{4m} \sum_{m=1}^{2} Year + \beta_{5n} \sum_{m=1}^{9} Class + \varepsilon$$
$$(6-7)$$

表6-6　　　　　　　　　　顾客消费体验和顾客满意度的关系检验

满意度	Coef.						
	模型（6-1）	模型（6-2）	模型（6-3）	模型（6-4）	模型（6-5）	模型（6-6）	模型（6-7）
	无消费体验	theme	convenience	price	food	service	全模型
theme		0.097 ***					0.136 **
convenience			0.034 **				−0.015

满意度	*Coef.*						
	模型（6−1）	模型（6−2）	模型（6−3）	模型（6−4）	模型（6−5）	模型（6−6）	模型（6−7）
	无消费体验	*theme*	*convenience*	*price*	*food*	*service*	全模型
price				0.009			− 0.036 **
food					0.057 ***		− 0.005
service						0.041 ***	− 0.022
year_class	− 0.012	− 0.046	− 0.017	− 0.014	− 0.031	− 0.024	− 0.042
class 1（怀旧）	− 0.155	− 0.136	− 0.166	− 0.16	− 0.168	− 0.142	− 0.111
class 2（历史）	0.04	0.057	0.04	0.035	0.025	0.049	0.082
class 3（民族）	− 0.077	− 0.086	− 0.087	− 0.081	− 0.099	− 0.077	− 0.066
class 4（类型）	− 0.169	− 0.133	− 0.166	− 0.173	− 0.166	− 0.151	− 0.114
class 5（素食）	− 0.08	− 0.102	− 0.095	− 0.084	− 0.105	− 0.087	− 0.083
class 6（中式）	− 0.07	− 0.066	− 0.088	− 0.074	− 0.084	− 0.055	− 0.047
class 7（文创）	− 0.077	− 0.085	− 0.085	− 0.079	− 0.098	− 0.081	− 0.076
class 8（虚构）	0	0	0	0	0	0	0
class 9（品牌）	− 0.045	− 0.032	− 0.069	− 0.051	− 0.07	− 0.042	0.006
Constant	4.478 ***	3.803 ***	4.291 ***	4.437 ***	4.124 ***	4.224 ***	3.94 ***
R^2	0.004	0.029	0.007	0.004	0.013	0.009	0.033
N	1 926	1 926	1 926	1 926	1 926	1 926	1 926

注： *** 表示 P < 0.01， ** 表示 P < 0.05， * 表示 P < 0.1。

　　模型（6−2）结果显示餐厅主题对总体满意度存在显著的积极影响（β = 0.097， p < 0.01），这一关系在模型（6−7）中同样显著（β = 0.136， p < 0.05），表明顾客对餐厅主题的感受越好，其对餐厅的总体满意度越高，假设 6−1a 得到验证。模型（6−3）表明，对餐厅便利性体验效用与顾客总体满意度存在正相关（β = 0.034， p < 0.05）。模型（6−4）在餐厅价格体验效用与总体满意度之间虽然存在弱正相关但不显著，这一关系在模型（6−7）中显著但转变为弱负相关（β = − 0.036， p < 0.05），可能受模型参数波动影响产生该变化。模型（6−5）的结果显著地表明餐厅餐饮体验效用与总体满意度存在正相关（β = 0.051， p < 0.01），说明顾客对餐厅餐饮的评价越好，对餐厅就越满意，假设 6−1d 得到验证。模型（6−6）结果显示，餐厅服务体验效用与总体满意度显著正相关（β = 0.041， p < 0.01），即顾客对餐厅服务的感受越好，其对于餐厅整体的满意度越高，假设 6−1e 得到验证。

　　其余控制变量中，评论发布时间在 7 个模型中的参数均为负数，说明年份越早，顾客总体满意度越高，2017～2021 年的评价较 2010～2016 年的评价更为苛刻。主题分类中，以分类 8（虚构）为基准，分类 1（怀旧）、分类 3（民族）、分类 4（类型）、分类 5（素食）、分类 6（中式）、分类 7（文创）和分类 9（品牌）在全部 7 个模型中的参数均为负，仅有分类 2（历史）的参数全为正数，说明分类 2 为顾客总体满意度最高的主题分类，而其余分类在对总体满意度的贡献上均不如分类 8。

表 6 - 7 在上述模型的基础上加入文化距离的调节作用。模型（6 - 8）是仅包含评论时间、主题分类和文化距离的基础模型，具体模型为：

$$OverallSatisfaction = \beta_0 + \beta_2 CultureDistance + \beta_{4m} \sum_{m=1}^{2} Year + \beta_{5n} \sum_{m=1}^{9} Class + \varepsilon$$

$$(6 - 8)$$

模型（6 - 9）在模型（6 - 8）的基础上增加了五个方面的消费体验维度，即：

$$OverallSatisfaction = \beta_0 + \beta_{1i} \sum_{i=1}^{5} Image + \beta_2 CultureDistance + \beta_{4m} \sum_{m=1}^{2} Year + \beta_{5n} \sum_{m=1}^{9} Class + \varepsilon \quad (6 - 9)$$

模型（6 - 10）至模型（6 - 14）在模型（6 - 9）的基础上，分别加入了餐厅主题、便利性、价格、餐饮、服务等五个消费体验维度与文化距离的交互项，以考察文化距离的调节作用，具体模型分别为：

$$OverallSatisfaction = \beta_0 + \beta_{1i} \sum_{i=1}^{5} Image + \beta_2 CultureDistance + \beta_{31} CultureDistance \times Image_1 + \beta_{4m} \sum_{m=1}^{2} Year + \beta_{5n} \sum_{m=1}^{9} Class + \varepsilon \quad (6 - 10)$$

$$OverallSatisfaction = \beta_0 + \beta_{1i} \sum_{i=1}^{5} Image + \beta_2 CultureDistance + \beta_{32} CultureDistance \times Image_2 + \beta_{4m} \sum_{m=1}^{2} Year + \beta_{5n} \sum_{m=1}^{9} Class + \varepsilon \quad (6 - 11)$$

$$OverallSatisfaction = \beta_0 + \beta_{1i}\sum_{i=1}^{5} Image + \beta_2 CultureDistance +$$
$$\beta_{33} CultureDistance \times Image_3 + \beta_{4m}\sum_{m=1}^{2} Year +$$
$$\beta_{5n}\sum_{m=1}^{9} Class + \varepsilon \qquad (6-12)$$

$$OverallSatisfacton = \beta_0 + \beta_{1i}\sum_{i=1}^{5} Image + \beta_2 CultureDistance +$$
$$\beta_{34} CultureDistance \times Image_4 + \beta_{4m}\sum_{m=1}^{2} Year +$$
$$\beta_{5n}\sum_{m=1}^{9} Class + \varepsilon \qquad (6-13)$$

$$OverallSatisfaction = \beta_0 + \beta_{1i}\sum_{i=1}^{5} Image + \beta_2 CultureDistance +$$
$$\beta_{35} CultureDistance \times Image_5 + \beta_{4m}\sum_{m=1}^{2} Year +$$
$$\beta_{5n}\sum_{m=1}^{9} Class + \varepsilon \qquad (6-14)$$

模型（6-15）是在模型（6-9）的基础上，加入五个消费体验维度与文化距离的交互项的全模型，具体模型如下：

$$OverallSatisfaction = \beta_0 + \beta_{1i}\sum_{i=1}^{5} Image + \beta_2 CultureDistance +$$
$$\beta_{3i} CultureDistance \times \sum_{i=1}^{5} Image_i + \beta_{4m}\sum_{m=1}^{2} Year +$$
$$\beta_{5n}\sum_{m=1}^{9} Class + \varepsilon \qquad (6-15)$$

表 6 - 7　　　　　　　　　　文化距离的调节作用检验

变量	Coef.							
	模型 (6-8)	模型 (6-9)	模型 (6-10)	模型 (6-11)	模型 (6-12)	模型 (6-13)	模型 (6-14)	模型 (6-15)
satisfaction	基础	加体验	Dis_1	Dis_2	Dis_3	Dis_4	Dis_5	全模型
theme		0.134 ***	0.066 ***	0.131 ***	0.131 ***	0.126 ***	0.131 ***	0.038
convenience		-0.014	-0.019	-0.037 *	-0.015	-0.014	-0.017	-0.009

变量	Coef.							
	模型(6-8)	模型(6-9)	模型(6-10)	模型(6-11)	模型(6-12)	模型(6-13)	模型(6-14)	模型(6-15)
price		-0.036**	-0.037**	-0.037**	-0.058***	-0.036**	-0.034**	-0.028
food		-0.005	-0.004	-0.002	-0.004	-0.041*	-0.002	-0.002
service		-0.02	-0.018	-0.02	-0.017	-0.017	-0.047**	0.003
year_class	-0.03	-0.059	-0.056	-0.061	-0.057	-0.056	-0.06	-0.053
class 1(怀旧)	-0.118	-0.077	-0.084	-0.077	-0.069	-0.075	-0.083	-0.087
class 2(历史)	0.07	0.111	0.125	0.122	0.116	0.132	0.119	0.115
class 3(民族)	-0.046	-0.038	-0.007	-0.024	-0.025	-0.017	-0.026	-0.016
class 4(类型)	-0.136	-0.082	-0.064	-0.075	-0.075	-0.067	-0.076	-0.068
class 5(素食)	-0.062	-0.066	-0.049	-0.054	-0.061	-0.056	-0.057	-0.057
class 6(中式)	-0.035	-0.014	0.002	-0.004	-0.003	0.002	-0.005	-0.009
class 7(文创)	-0.044	-0.045	-0.044	-0.04	-0.041	-0.038	-0.037	-0.055
class 8(虚构)	0	0	0	0	0	0	0	0
class 9(品牌)	-0.013	0.035	0.056	0.043	0.041	0.049	0.043	0.052
culture_dis	-0.025**	-0.024**	-0.345***	-0.119***	-0.104**	-0.219***	-0.147***	-0.301***
dis1			0.042***					0.063***
dis2				0.015**				-0.006
dis3					0.015*			-0.008
dis4						0.027***		-0.004
dis5							0.018***	-0.015
Constant	4.511***	3.968***	4.489***	4.122***	4.084***	4.253***	4.16***	4.438***
R²	0.007	0.036	0.053	0.039	0.038	0.044	0.040	0.056
N	1 926	1 926	1 926	1 926	1 926	1 926	1 926	1 926

注：*** 表示 $P<0.01$，** 表示 $P<0.05$，* 表示 $P<0.1$。

模型（6-8）的结果表明，文化距离对总体满意度存在消极影响（$\beta = -0.025$，$p<0.05$），即来自文化距离越远的国家和地区的顾客，越容易降低对餐厅的总体满意度；这一点在其后的模型（6-9）至模型（6-15）中同样有所体现，8个模型中文化距离这一项的参数均为负数。

分别加入文化距离与消费体验的交互项后，在模型（6-10）至模型（6-14）

中，这一交互项均表现为极弱的正相关。模型（6 – 15）即加入所有交互项的全模型中，餐厅主题消费体验的交互项与总体满意度的回归系数为正（$\beta_{31} = 0.063$，$p < 0.01$），这与本书假设 6 – 2a 相悖，说明文化距离越远，顾客主题消费体验对满意度积极影响越强。

餐厅便利性与文化距离的交互项与总体满意度的回归系数为负（$\beta_{32} = -0.006$，$p < 0.01$），本书假设 6 – 2b 得到了验证，即文化距离越大时，顾客便利性消费体验对满意度的积极影响越弱。

餐厅价格的交互项与总体满意度的回归系数为负（$\beta_{33} = -0.008$，$p < 0.01$），本书假设 6 – 2c 得到了支持，即文化距离越大时，顾客价格体验效用对满意度的积极影响越弱。

餐厅餐饮的交互项与总体满意度的回归系数为负（$\beta_{34} = -0.004$，$p < 0.01$），表明文化距离越大，顾客餐饮体验效用对满意度的积极影响越小，假设 6 – 2d 得到了验证。

餐厅服务与文化距离的交互项与总体满意度的回归系数为负（$\beta_{35} = -0.015$，$p < 0.01$），说明文化距离越远，顾客服务体验效用对满意度的积极影响越弱，假设 6 – 2e 得到了验证。

6.2.3.3　稳健性检验

为保证稳健性，分为两个子样本对本书数据进行检验。其中，样本一为 2010 ~ 2016 年数据，样本二为 2017 ~ 2021 年数据。

由样本一结果（见表 6 – 8）可知，文化距离一项在模型（6 – 8）至模型（6 – 15）中均与总体满意度呈负相关，这与全样本结果一致，但在模型（6 – 8）、模型（6 – 9）、模型（6 – 11）、模型（6 – 12）、模型（6 – 13）、模型（6 – 14）中显著性有所下降。模型（6 – 10）至模型（6 – 14）中，五个消费体验维度与文化距离的交互项也分别和总体满意度的回归系数为负，与全样本结果一致。而模型（6 – 15）中，主题和便利性与文化距离的交互项正相关（$\beta_{31} = 0.05$，$p < 0.01$；$\beta_{32} = 0.006$），但便利性的交互项不显著，价格、餐饮、服务等与文化距离的交互项均与总体满意度的回归系数为负但不显著（$\beta_{33} = -0.012$，$\beta_{34} = -0.01$，$\beta_{35} = -0.01$）。这一结果与全样本中部分一致，便利性的交互项的相关性虽与全样本结果相反，但该交互项不显著。以上结果进一步支持了假设 6 – 2c、假设 6 – 2d 和假设 6 – 2e。

表6-8 样本一（2010～2016年数据）的稳健性检验

变量	Coef.							
	模型 (6-8)	模型 (6-9)	模型 (6-10)	模型 (6-11)	模型 (6-12)	模型 (6-13)	模型 (6-14)	模型 (6-15)
satisfaction	基础	加体验	Dis_1	Dis_2	Dis_3	Dis_4	Dis_5	全模型
theme		0.089 ***	0.027	0.086 ***	0.088 ***	0.084 ***	0.086 ***	0.003
convenience		-0.005	-0.006	-0.035	-0.004	-0.003	-0.005	-0.017
price		0	-0.002	0	-0.007	0	0.001	0.017
food		0.003	0.004	0.006	0.003	-0.022	0.005	0.02
service		0	0	-0.001	0.001	0.002	-0.025	0.016
class 1（怀旧）	-0.074	-0.048	-0.059	-0.049	-0.046	-0.055	-0.065	-0.055
class 2（历史）	0.078	0.123	0.128	0.127	0.125	0.13	0.117	0.127
class 3（民族）	-0.14	-0.122	-0.11	-0.116	-0.119	-0.111	-0.122	-0.116
class 4（类型）	-0.174	-0.128	-0.123	-0.13	-0.126	-0.119	-0.132	-0.128
class 5（素食）	-0.168	-0.153	-0.168	-0.15	-0.153	-0.155	-0.158	-0.168
class 6（中式）	-0.039	-0.029	-0.035	-0.035	-0.028	-0.024	-0.037	-0.043
class 7（文创）	0.045	-0.047	-0.066	-0.054	-0.047	-0.051	-0.054	-0.071
class 8（虚构）	0	0	0	0	0	0	0	0
class 9（品牌）	-0.002	0.012	0.02	0.014	0.013	0.016	0.008	0.022
culture_dis	-0.015	-0.017	-0.265 ***	-0.12 *	-0.039	-0.129 *	-0.111 *	-0.224 **
dis1			0.033 ***					0.05 ***
dis2				0.018				0.006
dis3					0.004			-0.012
dis4						0.016		-0.01
dis5							0.014	-0.01
Constant	4.491 ***	3.839 ***	4.298 ***	4.026 ***	3.875 ***	4.022 ***	4.01 ***	4.248 ***
R²	0.009	0.030	0.040	0.033	0.030	0.033	0.033	0.043
N	1 003	1 003	1 003	1 003	1 003	1 003	1 003	1 003

注：*** 表示 $P < 0.01$，** 表示 $P < 0.05$，* 表示 $P < 0.1$。

由样本二结果（见表6-9）可知，文化距离与总体满意度仍在所有模型中显著负相关，与全样本结果一致，文化距离越远，顾客总体满意度越低。在模型（6-10）至模型（6-14）中，五个分别加入模型的消费体验与文化距离的交互项均呈显著的弱正相关关系，与全样本一致。模型（6-15）即全模型中，主题和餐饮体验效用与文化距离的交互项正相关（$\beta_{31} = 0.101$，$p < 0.01$；$\beta_{34} = 0.006$），但餐饮的交互项不显著；便利性、价格、服务等与文化距离的

交互项均和总体满意度负相关，但仅有服务的交互项显著（$\beta_{32} = -0.021$，$\beta_{33} = -0.09$，$\beta_{35} = -0.34$，$p < 0.05$）。这一结果与全样本中部分一致，餐饮消费体验的交互项相关性相反，但这一交互项不显著。以上结果进一步支持了假设6-2b、假设6-2c和假设6-2e。

表6-9　　　　　样本二（2017~2021年数据）的稳健性检验

变量	Coef.							
	模型 (6-8)	模型 (6-9)	模型 (6-10)	模型 (6-11)	模型 (6-12)	模型 (6-13)	模型 (6-14)	模型 (6-15)
satisfaction	基础	加体验	Dis_1	Dis_2	Dis_3	Dis_4	Dis_5	全模型
theme		0.184 ***	0.102 ***	0.178 ***	0.176 ***	0.172 ***	0.179 ***	0.058
convenience		-0.025	-0.034	-0.049 *	-0.031	-0.028	-0.029	-0.01
price		-0.087 ***	-0.087 ***	-0.089 ***	-0.12 ***	-0.084 ***	-0.083 ***	-0.082 ***
food		-0.006	-0.008	-0.005	-0.004	-0.052 *	-0.007	-0.016
service		-0.043 *	-0.039	-0.043 *	-0.037	-0.041	-0.07 **	0.001
class 1	-0.12	-0.151	-0.18	-0.158	-0.137	-0.162	-0.142	-0.212
class 2	0.098	0.039	0.039	0.056	0.047	0.051	0.068	-0.021
class 3	0.076	0	0.024	0.018	0.022	0	0.025	-0.02
class 4	-0.061	-0.076	-0.068	-0.063	-0.069	-0.089	-0.058	-0.106
class 5	0.051	-0.069	-0.05	-0.054	-0.055	-0.077	-0.046	-0.091
class 6	-0.007	-0.058	-0.032	-0.031	-0.035	-0.057	-0.022	-0.097
class 7	-0.007	-0.112	-0.103	-0.097	-0.096	-0.114	-0.078	-0.165
o. class 8	0	0	0	0	0	0	0	0
class 9	0.007	0.005	0.017	0.016	0.015	0.002	0.029	-0.024
culture_dis	-0.037 **	-0.03 **	-0.497 ***	-0.166 **	-0.201 ***	-0.345 ***	-0.202 ***	-0.446 ***
dis 1			0.059 ***					0.101 ***
dis 2				0.02 **				-0.021 *
dis 3					0.03 **			-0.009
dis 4						0.042 ***		0.006
dis 5							0.024 ***	-0.034 **
Constant	4.401 ***	4.001 ***	4.684 ***	4.19 ***	4.219 ***	4.439 ***	4.215 ***	4.677 ***
R^2	0.011	0.057	0.089	0.061	0.062	0.074	0.064	0.099
N	923	923	923	923	923	923	923	923

注：*** 表示 P < 0.01，** 表示 P < 0.05，* 表示 P < 0.1。

6.2.4 分析结论

基于文化距离理论，本章对顾客体验和顾客满意度之间的关系进行研究，并进一步探讨了文化距离对两者关系的调节作用。首先，本书利用主题餐厅在不同文化背景下的文本评论数据，引入文化距离理论，分析了顾客消费体验对满意度的影响，并进一步探讨两者之间的影响机制，丰富了现有文献中两者关系的研究，有利于继续开展主题餐厅顾客消费体验对满意度的影响机制的深入探索。本书将主题餐厅顾客消费体验细化，具体分为主题、服务、餐饮、便利性以及价格，研究发现服务对顾客总体满意度的影响最大，餐饮影响最小。总体来看，无形的体验因素对顾客总体满意度的影响更大。此外，根据文化距离影响顾客消费体验，进而影响顾客满意度的研究思路，本书发现主题餐厅与顾客的来源地的文化距离越大，顾客对餐厅绩效与评价标准之间的一致性越弱，因此会削弱顾客消费体验对顾客满意度的正向作用。

最终结论如下。首先，主题餐厅的顾客消费体验与满意度正相关，分别体现在当主题、便利性、价格、餐饮以及服务体验效用越高时，顾客的满意度越高，上述五个维度与满意度的正相关关系按强度排序依次是主题、餐饮、服务、便利性、价格。本章还发现，文化距离越大，顾客消费体验对顾客满意度的积极作用越小。此外，通过研究五个维度消费体验与文化距离的交互项和顾客总体满意度的关系发现，便利性、价格、餐饮、服务等消费体验的交互项与总体满意度呈负相关，主题的交互项与总体满意度呈正相关。说明文化距离越大，便利性、价格、餐饮、服务等消费体验对满意度的积极影响越小，主题消费体验对总体满意度的积极影响越大。

第7章

在地化场景下主题餐厅顾客
满意度提升策略

7.1　顾客满意度提升的一般途径：感官刺激

根据回归结果，文化距离越大，便利性、价格、餐饮、服务消费体验对满意度的积极影响越小，即文化距离越小时，顾客便利性、价格、餐饮和服务消费体验对满意度的积极影响越强。尽管主题餐厅处在在地化场景中，但全球化在任何地方的实践都会受限于当地的力量。因此，主题餐厅在接待来自低文化距离顾客时，应该主要从主题餐厅便利性、价格、餐饮和服务等感官因素方面来提升顾客满意度。

7.1.1　主题餐厅用餐便利性

回归结果显示，位置因素对主题餐厅顾客积极情绪的产生存在显著影响，因此，主题餐厅可通过选择合适店址，满足顾客出行等需求，方便顾客进店消费。

餐厅选址应考虑的因素很多，涉及地理、经济、市场三个方面，需要考虑的因素有地区经济背景和文化、区域规划、方便性、租金、竞争水平、街道特色等。其中，方便性是餐厅选址时必须重视的条件。由于交通是否便利是顾客决定是否进店消费的一个重要因素，因此主题餐厅选址应考虑到顾客进店的便利性，选择公共交通健全、停车便利的地点。总体来看，地势平坦规整、环境干净、绿化良好的地点较为适宜，以人流较为集中、交通便利的车站、公园、商圈、购物区和高校附近为佳。同时，餐厅可以选择在与主题较为契合的地理位置来对主题文化进行强化，例如在大理开设"天龙八部"主题餐厅，显然会比在其他地方更加容易吸引顾客。

此外，主题餐厅还可以推广手机应用程序进行订餐、付款和获取电子收据，服务员工应该协助顾客启动电子流程，对于不熟悉新技术的年长顾客或者习惯于通过餐厅员工点菜的顾客，餐厅应该为这些顾客保留传统的点菜方式。餐厅为儿童顾客提供特制食品、餐具、餐椅和专门用餐区域，为带婴幼儿就餐的父母提供专门的休息室和卫生间设施。为年长顾客提供老花镜、假牙清洗、食物进一步加工等增值服务和更加安全方便的活动空间。在雨雪天气可以为顾客提供叫车服务和雨伞租赁服务。对于不方便的顾客，可以提供护送上车服务。

7.1.2　契合主题餐厅定位的价格策略

根据回归结果，价格因素对主题餐厅顾客消极情绪的产生存在显著影响，因此，主题餐厅可通过符合餐厅定位的价格策略来减少甚至消除因价格带来的消极情绪，从而提升顾客满意度。餐厅消费水平应当与定位档次相符合，从目标市场的认知出发，提供符合其身份、地位与消费能力的服务，实现与顾客精神层面的共鸣。

体验价格公平性是影响客户满意度和行为意图的重要因素（Bei et al.，2001）。体验价格公平性通常被定义为消费者认为价格是否合理、可接受和公正（Bolton et al.，2003）。它基于消费者的内部参考价格，可以由最后支付的价格、最频繁支付的价格和类似交易中的市场价格产生。如果价格不符合现行市场条件，客户可能会认为价格不公平。此外，体验价格公平也可以用双重权利原则来解释。该原则假定企业有权获得合理的利润，而客户有权获得合理的价格。如果价格上涨是由于成本增加，则被认为是公平的；反之，如果在没有任何潜在成本增加的情况下提高价格，就会被认为是不公平的（Kahneman et al.，1986）。价格的体验公平与客户满意度和忠诚度正相关，而体验的价格不公平会导致直接的负面态度和行为反应，如不满、抱怨和转向其他供应商（Xia et al., 2004）。

在确定菜单价格时，应将价格与竞争对手餐厅的价格进行比较。因此，类似的价格水平让客户增强对主题餐厅菜单价格的价格公平感知，这最终将增加客户对菜单的体验效用。换句话说，若顾客的体验食品质量较高，他们会认为主题餐厅菜单的价格是公平的，所选择的菜单是值得购买的，从而提高满意度并增强顾客重访意图和口碑。主题餐厅菜单中的合理价格促销有助于增强客户对价格公平的看法，带来更高的顾客满意度。折扣和优惠券等促销优惠也可以激励顾客重新光顾。本书根据现有市场上的主题餐厅两种主要类型，分别制定餐厅价格策略。

（1）大众型主题餐厅定价策略。大众型餐厅的目标市场对价格很敏感，因此，餐厅的菜品选择和价格制定要以特色突出、物美价廉为主要特征，确定价格结构，从而开辟中低端市场，主要定价策略可采用成本导向定价策略、基于认知效用的定价策略、心理定价策略和产品组合定价策略。

成本导向定价策略。主题餐厅运营成本是大众型餐厅定价时要考虑的首要因素，对产品价格的竞争力有显著影响。固定成本低、变动成本高以及可控成本高、不可控成本低的特点要求经营者在以成本导向定价时，依据食品和饮料成本、酒水服务、税金等成本制定销售策略，具体定价方法包括成本加成定价和企业目标效益定价。该策略在一定程度上忽略了餐饮市场需求变动情况，竞争力稍欠缺。

基于认知效用的定价策略。就餐者对餐饮产品价值的认可程度是影响餐厅定价的重要影响因素。认知效用定价法是根据主题餐厅顾客对产品的认知效用来确定价格的方法，要求经营者在制定营销计划之前，兼顾价格、产品、渠道与促销四种不同营销策略，根据顾客体验效用制定目标价格，从而决定产品及服务的价格水平。该定价策略的关键在于提升顾客认知，本质是提升顾客剩余，即提升顾客愿意支付货币与实际支付货币之间差距，从而提高顾客认可程度与获得感，进而促进购买。

心理定价策略。大众型主题餐厅可充分利用目标群体的心理因素制定产品和服务的价格，满足其心理需求，激发其购买动机，从而刺激消费。在心理定价策略下，常见的定价方法包括位数定价法、整数定价法、非整数定价法、招徕定价法和声望定价法。心理定价策略以满足顾客多样化需求为目的，有意识地将产品价格定得高些或低些，进而培养顾客偏好和忠诚，提高市场份额，增加收益。

产品组合定价策略。根据主题餐厅现有产品的产品线和产品项目的不同，制定不同产品组合价格。主要策略有系列产品定价、互补产品定价和成套产品定价，具体方法有产品线定价法、任选产品定价法、附属产品定价法、副产品定价法、捆绑定价（product bundle pricing）。大众型主题餐厅制定主题套餐采用产品组合定价策略，比如将畅销菜品与热度低的菜品结合搭配套餐，根据节假日需求推出"七夕套餐""亲子套餐"等。产品组合定价策略有利于各种产品的销量同时增加，提高主题餐厅整体经营利润。

（2）轻奢型主题餐厅定价策略。相对于大众型主题餐厅，轻奢型主题餐厅的顾客群体主要集中在中高消费层级，对于餐厅价格、优惠的关注程度不高。因此，产品价格应当与顾客的消费体验相匹配，主要定价策略有基于认知效用的定价策略，以及以需求为基础的差异化定价。前者在大众型主题餐厅定价策略中已经介绍，此处不再赘述，仅对差异化定价进行概述。

差异化定价的本质是依据顾客的消费目的、需求程度以及认知水准来定价。主题餐厅在销售相同或者存在细微差别的产品时，对不同顾客在不同时间段制定不同的价格，即为差异化定价。鉴于轻奢型主题餐厅的顾客对价格敏感度相对较低，因此可通过以下几种方式实现菜品或者服务的差异化定价：顾客差异化，比如对带儿童就餐的顾客提供饮料或者特殊菜品折扣；渠道差异化，比如对不同购买渠道制定不同的价格；产品差异化，比如根据菜品不同采购地的原材料来制定不同价格；时间差异化，即利用顾客在空间和时间上的不同需求制定差异化定价。主题餐厅在采用差异化定价策略时，应以周密的市场调查为基础，切实关注顾客体验公平、支付意愿、消费习惯与需求，科学合理定价，灵活调整，以高质高价引领顾客消费。

主题餐厅价格制定要充分考虑目标市场的支付能力和消费动机，价格过低或过高都会引起顾客不满，降低整体满意度。因此，结合自身定位制定产品价格至关重要。除此之外，餐厅的产品和服务在推向市场之后，其价格要根据市场条件和竞争对手状况进行调整。市场条件要求经营者关注供求状况，如淡季降价促销，旺季提价增利；主题相近或者出售相似产品竞争对手的价格制定是影响主题餐厅价格制定策略的重要影响因素，比如竞争对手降价后，是否需要降价以保证客源。

7.1.3　保障主题餐厅餐饮质量

根据回归结果，餐饮因素对主题餐厅顾客积极情绪的产生存在显著影响，因此，主题餐厅可通过提升服务水平来提升顾客总体体验。

根据关键词分析中，餐饮维度所包含的关键词包括酒水、食材、类型、特色、味道、小吃、主菜以及摆盘等。贴近顾客需求，保证餐厅产品质量和食品安全水平，才能赢得顾客的信赖，实现主题餐厅经营发展的良性循环。根据顾客关注的餐饮相关因素，提出相应的优化措施。

（1）产品质量严格把关。主题餐厅首先要保证为顾客提供高质量的产品。一是要制定标准菜谱，明确各种菜品烹调步骤、关键工艺、主辅料的质地、产地以及规格，指定器皿、装盘形式和成品要求等，按照烹饪标准制作菜品。二是要加强食品采购环节质量监督。主题餐厅食物原材料要选择规范的、具有一定规模的食品供应商进行统一采购。明确责任主体，严格记录采购清单，做到每批次的采购物品负责人、来源、日期可追溯。三是对采购部门人员进行岗前培训，提升其区分产品质量的专业能力，保证餐厅使用的食品原材料安全。

（2）菜品种类的不断创新。创新是引领主题餐厅发展的动力，是其生存的关键。主题餐厅要实现长远发展，就必须以顾客为中心，在膳食平衡的基础上加强产品的开发创新。一是要不断开发新菜品，定时调整招牌菜，比如科学融合中西方烹饪技巧，博采众长，推出新颖美味的新菜式。二是对现有菜品进行口味与造型进行创新，即根据顾客的需求与口味变化，充分开发和利用菜品的主料、辅料和调料之间的科学搭配，使用食材对传统菜品进行口味和样式的变化，使产品精益求精。

（3）运用摆盘技巧锦上添花。摆盘是顾客评价主题餐厅餐饮质量的重要因素。除色香味俱全之外，菜品摆盘和装饰亦是不可忽略的。创意新颖的摆盘不仅能够提升顾客就餐体验，提升满意度，还能够引发顾客的免费传播，达到意想不到的营销效果。因此，灵活运用摆盘技巧是要求主题餐厅厨师应当具备的专业能力之一。在摆盘过程中，根据菜品的制作工艺、原料特性、色泽明暗以及器皿形式进行摆盘，将对称、点缀、平分、镶边等手法为菜肴锦上添花，营造与餐厅主题相匹配的就餐氛围，提供视觉享受，提升菜品价值。

食物作为餐厅的核心产品，在餐厅体验中起着举足轻重的作用。食品质量是影响顾客满意度和餐后行为意图的主要因素。构成食品质量的个体属性（如食品展示、菜单种类、健康选择、口味、食品新鲜度和温度）能够显著影响顾客满意度和行为意图。除此之外，"食品安全"也是评价食品质量的重要线索。尽管食品安全缺陷不会立即显现，但顾客很容易发现食物未煮熟、食物有异味或食物中有异物。因此食品安全可以作为评判质量的最基本、最低标准。除了强调菜色的美味和地道之外，主题餐厅还可以强调餐厅使用健康食材，在菜单上呈现有吸引力的食物介绍。餐厅还可以将食品的营养价值写在菜单上，以证明食品的健康、新鲜和安全性。

7.1.4 提高主题餐厅服务水平

根据回归结果，服务因素对主题餐厅顾客积极情绪的产生存在显著影响，因此，主题餐厅可通过提升服务水平来提升顾客总体体验。

在竞争激烈的市场中，服务对企业竞争力的影响显而易见。随着经济社会的发展，顾客对于高质量服务的期望日渐提升，故而要完善供给侧服务体系。[①] 对于主题餐厅而言，多样化和个性化的服务有助于改善顾客的体验，从而提升顾客满意度。根据关键词分析中服务维度所包含的关键词，包括态度、等位、接待、店员、前台以及设备等，本书将从服务流程、服务设施和服务意识4个角度提出相应的主题餐厅服务提升优化措施。

（1）制定规范化服务流程。服务流程的规范化程度直接影响员工为顾客提供服务的效率与准确性。糟糕的服务流程会降低服务质量，增加服务时间与服务失误的可能性，引起顾客的烦躁感和不满。[②] 主题餐厅服务流程的制定要根据自身定位，结合顾客的实际需求，既要流畅高效、弹性可控，又要围绕主题，突出服务独特性。个性化服务可以从细节入手，诸如代停车、等候区设计、盥洗室物料等方面都可以突出主题特色。制度保证和监管措施是规范化服务流程实施的保证。根据主题的不同，因地制宜制定规范化服务流程，

---

① 王克岭，董俊敏. 旅游需求新趋势的理论探索及其对旅游业转型升级的启示［J］. 思想战线，2020，46（2）：132－143.

② 王克岭. 创新驱动下旅游发展的动能与路径［J］. 企业经济，2019，38（2）：5－12.

兼顾刚性条例与对员工的人文关怀。在此基础上，服务人员才会严格按照规范化的服务流程开展工作，保证良好的态度、及时的接待以及有序的等位，在井然有序中为顾客提供高质量服务。

（2）配备并更新服务设施。在服务传递过程中，除了流程会影响顾客对服务质量的体验水平，设施状况亦是顾客评价无形性服务质量的重要因素。服务设施要做到两点，一是要保证主题餐厅服务设施齐全。在服务场景中，为顾客提供餐饮服务的硬件设施完善可用是保证就餐体验的关键。二是及时检查、修缮及更新服务设施。服务设施细化管理失序是影响顾客满意度的重要因素，如地板损坏、桌椅破损、桌布陈旧、空调老化、卫生间水龙头滴水等细节问题，会影响顾客的体验评价与再次光顾意愿。因此，按时检查设施状况、及时发现并高效解决问题，不仅能够提升餐厅形象，也有利于保留老顾客，促进正面口碑传播。

（3）激发员工的服务意识。主题餐厅的服务人员是接触顾客的一线员工，是展现企业服务能力的外在形象，员工的言行、态度在一定程度上决定了顾客对餐厅的整体印象。餐厅员工的整体素质涵盖个人卫生、礼貌、沟通能力、应变能力、团结共情倾向等方面。主题餐厅要采取一定的措施，提高员工积极性，激发员工服务意识。一是要提高员工满意度，将员工视为企业内部的顾客，以人为本。在生活中，关心员工需求，通过改善其生活条件、增加薪酬及为其制定个性化提升计划等途径，给予精神关怀与物质扶持。在工作中合理授权，基于表现进行激励，提升员工归属感，提高工作能动性。二是有效实施培训，设立专门服务机构，完善餐厅培训体系。一方面通过多样化的形式帮助员工学习企业文化、菜品知识、设施使用方法，掌握餐厅完整的服务流程与服务技能，另一方面要注重对员工进行社交知识、沟通技能、表达能力等方面的培训，提升危机处理的应变能力，同时了解周边的出行路线、工具，使其能够自然、热情地为顾客提供全面贴心的服务。

（4）为顾客提供个性化服务。顾客可能对不同类型的餐厅有不同的期望和熟悉程度。连锁型主题餐厅必须严格按照规范运作，保持一致性，以满足或超越顾客的期望。独立主题餐厅应该强调其独有的特征，为顾客提供个性化的服务。在向服务场景添加与主题相关的元素时，主题餐厅还需要在无形的服务元素（如沟通技巧）中有效地反映该主题。可以开发与主题相关的表演和活动，培训员工以与主题风格相匹配的方式为客户服务，一线员工的制服、态度和行为设计与主题相契合，培训员工对客户更礼貌和友好的态度。员工应从入口到餐桌引导顾客，讲解菜单，推荐合适的菜肴，从当日菜单、热门菜单、特色菜单中，引导顾客选择最能满足其口味的菜肴。只有为客户提供独特而又个性化的服务，才能激发顾客的积极情绪。有效提高顾客满意度。此外，主题餐厅还应该为顾客提供投诉渠道，监控顾客的满意度，如果出现顾客投诉，应该尽快找到解决方法，适当的投诉处理过程可能会增加顾客满意度并激发重访意图和口碑。

7.2 在地化场景下顾客满意度 提升的核心：主题的想象

研究结果表明，文化距离负向调节顾客的主题体验效用和满意度之间的正向关系，即文化距离越大时，顾客主题体验效用对满意度的积极影响越强。基于这一结果，对于目标顾客来自文化距离较大国家或地区的主题餐厅来说，强化餐厅主题特色，放大其独特性是提升顾客满意度的重要手段，而主题特色的体现可以从选取主题风格、营造主题氛围和提供主题服务 3 个角度展开。

7.2.1 选取主题风格

根据回归结果，历史主题风格餐厅最受顾客欢迎，可从地域文化、历史文脉、古代典故、民族特色等元素入手，突出餐厅的历史主题，吸引顾客眼球。

根据地域文化设计主题餐厅。不同的城市因历史遗存、地理环境、风俗活动以及生产生活方式形成了不同的地域文化，见证了不同地域文化的形成与积淀。鲜明地域文化特色的主题餐厅对外地顾客和国外顾客具有一定的吸引力。中国的辽阔地域形成了以椰子树、沙滩及海洋为设计元素的南岛风情，也孕育出以土墙、土炕及大锅为装饰的东北风格。立足于各地的文化形态特征来选取餐厅的主题，将地域文化的厚重在餐厅的装饰陈设与美食风味中充分展现，能够吸引不同地域的顾客猎奇尝鲜。比如四川风味火锅贤和庄，室内装修以红黄为主色调，木质隔断、白瓷砖墙体、铁质铜壶、特色卤味构造了浓浓的烟火气息，将川渝市井文化与流行元素相结合，一时成为顾客竞相打卡地。

融入历史文脉设计主题餐厅。五千多年的历史孕育了博大精深、百家争鸣的中华文化，如关陇（三秦）文化、巴蜀文化、中原文化、松辽文化、吴越文化、荆楚文化以及岭南文化等。在餐厅历史主题设计中可融入历史文化元素，利用鲜活的历史文脉为饮食空间注入生命力与感染力。如楚河汉街以"楚文化"为主题的肯德基餐厅实现了将现代感与楚风的融合，店内陈列人高的虎座鸟架鼓、低调奢华的丝绸金粉刺线条、迷你编钟，使顾客宛如置身于楚国的食肆，流连忘返。再如坐落于昌平区温都水城的"汉风唐韵"文化生态主题餐厅，以汉代文化为主调，餐厅以汉代建筑风格为主的阙台楼阁林立，绿水绕方亭；以汉代地名铜雀台、听鹂馆等命名包间；除此之外，餐厅内摆放的一些景观同样围绕汉文化主题选定。从整体布局到装饰细节，无一不在精致中凸显精致，使顾客从紧张的现代生活节奏中慢下来，在古典雅致的汉代文化氛围中品尝美食。

演绎古代典故设计主题餐厅。历史典故蕴藏于中国传统诗歌、古诗、成语及经典著作等不同文化载体之中，极具历史趣味性。源远流长的历史典故亦可为主题餐厅营造时代历史文化的饮食氛围。比如以必胜客以"高山流水有知音"的典故为灵感设计主题餐厅，在餐厅入口处摆放一把造型优美的古琴引来了许多顾客驻足围观，拨动琴弦。墙壁上画着延绵不绝的金粉线条，用云雾、山水的背景的方式衬托，静谧的蓝色渲染出复古又简洁的餐厅氛围，飘逸而自然的设计主题将知音文化表现得淋漓尽致。

凸显民族特色设计主题餐厅。我国由多民族组成，不同的民族在历史发展中由于宗教信仰、生活习惯、饮食特征而形成了丰富多样的民族文化。比如，云南的傣族风味餐厅常以竹制器具盛放手抓饭、以香茅草做烧烤辅料、以椰子为鸡汤增味，菜式以酸辣为主；装修上多选用木质的材料、青白相间的石板和郁葱的盆栽来衬托民族风情，别具一格。

除借助上述地域文化、历史文脉、古代典故等因素打造历史主题餐厅外，"老字号传承、传统食品、原始工艺"等同样可以成为历史主题餐厅的切入点。

7.2.2 营造主题氛围

根据顾客评论高频词分析结果，在四个国家和地区的顾客消费体验中均出现了关键词"氛围"，主题氛围对顾客积极情绪的产生存在显著正向影响。餐厅管理者应该努力为顾客营造主题氛围，从而提高顾客满意度，强化顾客再次光顾餐厅的意愿。氛围即环境，主题餐厅主题氛围的营造涵盖硬环境和软环境两个方面。

一是呈现与主题风格相得益彰的硬环境。全球主题餐厅顾客消费体验中均出现"装修""家具"等关键词。因此，主题餐厅营造，具体可通过空间造型、装饰材料、色彩搭配以及陈设布局等方面呈现。

（1）打造餐饮空间造型塑造主题风格。在主题餐厅空间设计中，可根据不同的风格选用不同的空间分割设计与结构形式为顾客带来不同的视觉感受，兼顾平面、空间与意境，以整体与局部的和谐强化主题特色。比如，在空间分割设计中，四方规整的空间设计可以营造传统庄重的氛围，而圆弧状的设计能够体现主题餐厅活泼动感的视觉感受；再如，餐厅的柱子、墙体和管道的结构设计既可以将琐碎的空间构造联系起来，又可以营造私密性，而隔断、博古架、围栏、假山、拱廊的使用可以提升空间丰富度，增加空间渗透感。

（2）选用合适的装饰材料展现主题特色。选用符合主题的装饰材料打造饮食空间，向食客传递信息，激活其视觉形象与体验心理之间的联系，实现实用性材质向功能性转化。不同的材料拥有自身独特的肌理与质感，能打造出风格迥异的餐饮文化。譬如，粗糙的毛石墙蕴藏着喷薄而出的原始力量感，青铜纹样折射出中国古代商周礼仪制度，浑厚与庄严油然而生；灰瓦白墙可再现中国民间传统民居的朴实风情，使人联想到故乡的亲切之美；分子化合物材料、金属则凸显出科技感和机械风。除此之外，砖瓦、青石、木质甚至金箔等装饰材质，都将为顾客带来不同的视觉印象，进而表达不同的思想情感，突出餐厅主题。

（3）设计陈设布局以强化主题体验。餐厅陈设不仅包括功能性陈设，还包括装饰性陈设。前者主要涉及餐厅内实用性强的家具陈设，种类繁多；后者的作用是修饰装点家具陈设，对餐厅风格起到锦上添花的作用，它包括软装布艺的质地和款式，艺术陈设的摆放，绿化植物，灯光配置等，是餐厅装饰中锦上添花的"第二次装修"。主题餐厅的主题强化可以从餐厅的装饰布局入手，在导向标识设计、餐具系列以及办公用品等方面实现整体装饰与细节装饰的统一，将其与空间造型、装饰材料、色彩搭配以及灯光设计融为一体，实现强化顾客对餐厅主题的体验与认同，提高消费价值。

二是设计独特的主题特色软环境。通过有意识的空间设计，氛围可以在购买者身上产生特定的情感效果，激起顾客不同的情绪反应，从而提高他们的购买概率并且影响顾客的餐后行为意图。从顾客的角度来审视餐饮消费，吃是一种多感官体验，这些感官体验为顾客提供了对"氛围"的认知，即使有时顾客并没有完全意识到"氛围"的存在。但是视觉、听觉、嗅觉和味觉以综合方式提供餐饮消费之前和期间所需的所有信息，氛围由一组元素组成，如音乐、灯光、颜色和气味。

（1）主题餐厅音乐选择。音乐从两个方面影响顾客对食物的判断。首先，顾客对音乐的偏好会移情到对品位的偏好，与其听着不喜欢的音乐吃饭，顾客在听到喜欢的音乐时，会更喜欢吃的食物或饮料。这就要求餐厅管理者更加细致地研究目标客户的消费者行为，选择顾客更加喜欢的音乐。其次，口味一致的配乐会将听众的注意力吸引到与配乐相对应的口味上。在尝试从前没有吃过的食物时，让顾客暂时放弃以前经验、更加关注实际的品尝情况，从而影响顾客对食物的态度，更有可能形成积极的消费体验。例如民族餐厅经营者播放与美食原产地相关的音乐，进一步为顾客提供文化体验，有利于民族餐厅满足和留住现有顾客。

（2）主题餐厅空气（气味）。根据顾客评论高频词分析结果，在四个国家和地区的顾客消费体验中均出现了关键词"空气"，我们可以把"空气"理解为新鲜的空气以及独特的气味。如果环境气味令人愉悦，在空气清新的基础上，还能做到在餐厅使用与餐厅主题一致的气味，可以增强感官刺激，直接（或是通过易于想象间接地）影响情感和行为反应。这些丰富的多感官体验加强了目的地情感和认知之间的联系。例如印度餐厅可以使用独特的东方香料，中式传统餐厅使用檀香、沉水香等典型东方香气，对气味的管理能够有效唤醒顾客对于特定文化的独家记忆，产生愉悦的感受，并且将这种愉悦的感受移情到对餐厅的总体感受上。

（3）主题餐厅的装修、家具和风景。根据顾客评论高频词分析结果，在四个国家和地区的顾客消费体验中均出现了关键词"装修""家具"和"风景"，说明顾客认为"装修""家具"和"风景"在餐厅主题塑造上扮演着非常重要的作用。民族主题餐厅可以利用民族艺术、装饰、音乐和各种信号，为顾客营造原汁原味的用餐体验。还可以使用与主题文化相关的装饰和家具，并在食物菜单和餐具上加入明显的文化线索。一些学者甚至将民族餐厅描述为本国的文化大使，将民族餐厅的用餐体验描述为"烹饪旅游"。餐厅空间内的色彩搭配能够影响顾客的就餐心情与食欲，而灯光设计与之呼应，同样是营造主题氛围不可或缺的设计元素。色彩的组合能够营造热烈温暖或清冷高雅的气氛，结合灯光明暗、照度及色温的不同划分功能区域，增加层次感，提升主题餐厅的格调，营造相得益彰的环境。

（4）主题餐厅灯光的明暗。根据顾客评论高频词分析结果，在四个国家和地区的顾客消费体验中均出现了关键词"明暗"，说明顾客已经感受到了主题餐厅照明亮度的差异性。积极情绪往往与明亮的亮度关联，当餐厅主题与"朋友""家人""欢乐"相关时，可以选择与户外阳光更为类似的照明，甚至可以选择直接在户外用餐或是在室内模拟阳光的亮度。当餐厅有独特的主题或是需要营造特殊氛围时，可以选择更加柔和温馨的照明，如烛光餐厅相对柔和的灯光能够为顾客提供更加私人的用餐环境，黑暗餐厅选择亮度较低的照明，为顾客提供难忘的就餐经历。餐厅也可以在顾客品尝红酒时使用红色照明，可以让顾客觉得红酒尝起来更有滋味、味道更甜。

7.2.3 提供主题服务

基于顾客评论的高频词分析，高质量的主题服务往往与"店员""前台""互动"等相关，因此，提供高质量的主题服务意味着餐厅需要选择合适的服务人员，以及为顾客增加互动体验。

（1）选择合适的服务人员。主题餐厅的服务人员应该具备两方面的特征。

一是员工特征与主题特征一致性。餐厅员工熟知餐厅主题文化有助于正向影响顾客对于主题的体验，如异域主题餐厅雇用美食来源地员工，有助于增强顾客对餐厅主题真实性的体验，例如开在北京印度餐厅不仅应该聘用中国员工，还应聘用来自印度文化背景的员工。在这种情况下，客户可能会认为有印度员工的餐厅是正宗的，因此更有可能在该餐厅用餐。文学作品主题餐厅要求员工熟悉小说中的主要人物及情节。员工是传递主题餐厅文化的重要渠道。有助于正向影响顾客满意程度。由于主题餐厅的真实性更有可能在服务场景的交流阶段形成，"主题员工"（例如，员工在迪士尼乐园餐厅打扮成童话人物，员工在世界杯餐厅表现得像足球运动员）比"主题设施"（例如，Hello Kitty 图案的餐具、森林中的用餐环境）发挥更重要的作用，主题服务比主题设施更加能够强化顾客对主题的体验，从而提高顾客满意度。

二是员工特征与顾客特征的一致性，基于其目标市场和定位策略，主题餐厅需要对员工做出相应的调整。如果一家越南餐厅的目标客户是中国的主流客户，那么雇用中国员工会更好。反之，如果一家越南餐厅的目标客户是在中国的东南亚客户，最好雇用一些来自东南亚国家或熟悉这些国家文化的员工。餐厅可以针对目标顾客做促销活动（例如，亲子餐厅可以在街上向小朋友分发免费样品）。这种策略与体验的真实性无关，而与行为意图有关。员工与目标顾客的偏好或是文化匹配可以增加顾客的行为意图。

（2）增加互动体验。根据顾客评论高频词分析结果，在四个国家和地区的顾客消费体验中均出现了关键词"朋友"，顾客在选择主题餐厅消费时，其消费目的是与朋友共度更多的相聚时光。主题餐厅可以向潜在游客（特别是来自高文化距离国家的游客）强调在享用当地美食的同时，可以与当地餐厅食客或员工交友的乐趣。

顾客是餐厅氛围的一个重要组成部分。例如在香港特别行政区旅游时，游客可能会与旅伴以外的许多人互动，例如在餐厅用餐的当地人。由于空间有限，与他人共用一张桌子在香港特别行政区很常见，这类独特的文化体验可以增加旅行的趣味性。

餐厅员工是服务的主要提供者，除了基本的烹饪和招待服务，餐厅员工还在主题塑造方面扮演着重要的角色，如全球最大的旅游度假连锁集团地中海俱乐部（Club Med），鼓励顾客与来自不同文化背景的 GO（GO 是法语"gentil organisateur"的缩写，原意是"和善的东道主"，他们是来自世界各地地中海俱乐部的员工）共同用餐，获得不一样的餐饮体验。

综上所述，主题餐厅的顾客来源不同，其提高顾客满意度的重心也存在差异，主题餐厅需要基于不同顾客的文化距离，有针对性地改进餐厅服务质量，从而提高顾客满意度。

第8章

结论与展望

在前 7 个部分的论述中，本书基于消费体验理论，对主题餐厅顾客的消费体验进行了较为系统全面的解构、对比等研究。本章将对本书进行总结，概括关键结论，然后根据结论得出研究启示和对餐饮行业提出政策建议，最后指出本书的研究局限和将来可能开展的更深层次研究。

8.1　研究结论

本书以中国（包括香港特别行政区、澳门特别行政区及台湾地区）、美洲、欧洲、大洋洲和亚洲（中国除外），五个不同国家和地区的主题餐厅顾客为研究对象，基于消费体验理论、跨文化理论及文化距离理论，展开相关研究。本书的第 1 章、第 2 章回顾了有关主题餐厅顾客消费体验的相关研究；第 3 章通过理论推导演绎了跨文化主题餐厅顾客消费体验对顾客行为的作用机制，并提出了研究假设；第 4 章基于评论大数据采用文本分析法重点研究不同文化背景顾客的消费体验差异；第 5 章对不同国家和地区顾客消费体验进行解构，将其解构为认知体验和情感体验，并运用社会网络分析法对不同国家与地区顾客的消费体验差异进行原因分析，探讨其关联结构，在此基础上结合情绪分析法与箱线图分析法研究不同国家与地区顾客的消费体验对应的情绪特征；第 6 章、第 7 章基于 Hofstede 的文化距离理论，分析了文化维度和消费体验的关联结构，探究不同文化背景顾客消费体验存在差异性之原因，并通过网络数据文本采集进行变量测量，检验顾客满意度与消费体验关系以及文化距离的调节作用。通过上述层层递进的研究，本书的主要结论如下。

（1）主题餐厅顾客消费体验的构成。本书解构、对比了不同文化背景下主题餐厅的顾客认知体验，基于社交媒体用户画像、顾客行为研究提供大量有效的信息，本书运用爬虫技术，采集平台网站上过去 20 年内来自不同文化背景的主题餐厅顾客评论数据，进行大规模文本分析，将主题餐厅顾客的认知体验归纳为五个维度，具体包括主题、餐饮、服务、便利性和价格。

（2）不同文化顾客对主题餐厅消费体验的差异。本书剖析了跨文化顾客对以上几个维度的关注度的异质性，主要表现在两个方面一是不同国家和地区的顾客对认知体验各个维度的关注程度不同，四个国家或地区的顾客都认为"服务"是主题餐厅最重要的维度，"便利性"是第二重要的维度。中国、亚洲（中国除外）及美洲顾客都认为"服务"比"餐饮"更重要，只有欧洲顾客认为"餐饮"比"服务"更重要。二是不同文化背景的顾客认知体验构成维度存在差异，美洲顾客并不关注主题餐厅的"主题"与"便利性"，而其他三个国家或地区的顾客体验会受上述两个维度的影响。此外，本书研究发现中国顾客的积极情感体验占比较大，美洲顾客的消极情感体验较大，同时亚洲（中国除外）和欧洲顾客情感强度较为相似。

（3）文化差异是造成不同文化背景的顾客的消费体验具有显著差异的原因。本书对 Hofstede 理论中不同文化维度之间的关系以及与消费体验维度之间的相关性进行了探索。研究发现，权力距离和个人主义及放纵的显著负相关关系意味着社会阶级差距大的社会中对个人利益的重视越不明显，具有更低放纵的生活方式的可能性，而权力距离和不确定性规避的显著负相关关系表明越是社会阶级差距大的文化越倾向于规避不确定性。个人主义和放纵呈现显著正相关关系，表明越推崇个人主义的文化越倾向于释放本性、放纵自己。不确定性规避与放纵存在负相关关系，表明越倾向于规避不确定性的国家和地区越愿意选择放纵的生活方式。同时，本书研究发现男性气质以及放纵与餐厅主题存在显著正相关关系，同时，男性气质与主题餐厅价格、服务具有弱正相关关系。综上所述，文化差异对顾客主题餐厅的选择以及评价的影响有较大的区别。

（4）文化距离在顾客消费体验和顾客满意度之间具有调节作用。本书利用主题餐厅在不同文化背景下的文本评论数据，引入文化距离理论，分析了顾客消费体验对满意度的影响，从跨文化的视角对不同文化背景下的顾客消费体验与顾客满意度进行深入探讨，并检验文化距离在两者关系中的调节作用。本书将主题餐厅顾客消费体验细化，具体分为主题消费体验、服务消费体验、餐饮消费体验、便利性消费体验以及价格消费体验，验证了主题餐厅顾客消费体验和顾客满意度之间的正相关的关系。在进一步研究中，本书发现服务的消费体验对顾客总体满意度的影响最大，餐饮消费体验影响最小。总体来看，无形的体验因素对顾客总体满意度的影响更大。此外，本书从文化距离影响顾客消费体验，进而影响顾客满意度的研究思路出发，发现主题餐厅与顾客的来源国家的文化距离越大，顾客对餐厅绩效与评价标准之间的一致性越弱，因此会削弱顾客消费体验对顾客满意度的正向作用，即本书还发现，文化距离越大，便利性、价格、餐饮、服务等消费体验对满意度的积极影响越小，主题消费体验对总体满意度的积极影响越大。

8.2　研究启示及建议

在前文所述研究的基础上，本书提出了针对主题餐厅的营销策略，对其市场细分、运营管理乃至长远发展具有指导意义。

首先，主题餐厅的经营者应充分考虑不同文化背景顾客对餐厅满意度影响的各个维度的强度差异，选择合适的经营位置、主题及规模，设计正确的餐饮产品、服务、价格、促销方式，根据顾客不同的消费目的提供个性化服务，从而满足细分市场内顾客的需要和欲望。

其次，主题餐厅不同于一般餐饮企业，其具有典型的文化属性。因此，在顾客消费体验的构成中，有形的餐饮品质、价格、便利的交通等只能消除顾客的消极情绪，而无形的服务、主题氛围的营造等才能带来积极的消费体验，这是以往餐饮行业研究未曾注意到的。

最后，在地化场景下，主题餐厅面临文化"全球化"与"本地化"的碰撞，企业需要研究如何通过调整其服务、沟通和营销策略以适应顾客需求，从而成功地扩展其市场。本书研究表明，用餐便利性、价格公平、餐饮质量和服务水平等感官刺激因素只是主题餐厅顾客满意度提升的一般途径，风格选取、氛围营造和主题服务等主题的想象因素才是主题餐厅顾客满意度提升的核心。

8.3 研究局限及展望

本书在研究设计、研究思路以及研究对象等不同的方面存在一定的局限性，主要体现在以下 6 个方面。

（1）本书设置选取前 1 000 个高频关键词进行下一步字符处理，后续研究可以将其更改为更大的数目进行更为完整的消费体验解构。

（2）本书采用箱线图分析对不同国家和地区进行了总体的情绪分析和特定国家或地区的顾客不同情绪的消费体验分析，后续研究可使用更大范围的样本，并采用其他方法进行验证分析。

（3）本书仅使用 Hofstede 的六个文化维度进行分析，且研究在 Hofstede 文化维度的测量上不够精确，不同文化维度的得分大部分停留在洲际，后续研究可扩大样本，提高精确度。

（4）在解构、对比不同来源的顾客消费体验及分析顾客满意度的研究中，本书对主题餐厅的消费体验维度集中在主题、餐饮、服务、便利性和价格五个层面，后续研究可以在此基础上，增加次要维度（如娱乐、餐厅设施、设计、公共区域等）进行进一步分析；本书控制变量与实际有一定差距，后续研究可加入主题餐厅顾客的年龄、性别、教育程度等变量进行更为全面的分析；在文化距离的测量方法选择上，后续研究可以加入其他方法进行对比研究，检验本书数据分析结果的稳健性。

（5）本书研究的主题餐厅仅限于中国境内，后续研究可采集更多国家和地区的主题餐厅以及顾客评论，更加深入地探究全球不同文化背景下消费体验的特征。

（6）本书数据文本来自猫途鹰网站的顾客评论，后续研究可以选择其他网站进行研究，来检验本书的准确性与有效性。同时，本书是通过爬虫技术得到二手数据进行研究，后续研究可选择更为直接的一手数据进行数据分析。

综上所述，相关研究可以在本书的基础上继续深入，进一步探究顾客情绪、顾客体验、顾客满意度、顾客忠诚度等之间的关系。

附　录

附录1

评论数据所属国别与研究分区一览表

国别	分区	国别	分区
澳大利亚	大洋洲	瑞士	欧洲
新西兰	大洋洲	瑞典	欧洲
巴巴多斯	大洋洲	苏格兰	欧洲
巴布亚新几内亚	大洋洲	葡萄牙	欧洲
斐济	大洋洲	卢森堡	欧洲
所罗门群岛	大洋洲	摩尔多瓦	欧洲
瓦努阿图	大洋洲	乌克兰	欧洲
埃及	非洲	挪威	欧洲
摩洛哥	非洲	拉脱维亚	欧洲
南非	非洲	斯洛伐克	欧洲
罗得西亚	非洲	爱沙尼亚	欧洲
阿尔及利亚	非洲	波兰	欧洲
埃塞俄比亚	非洲	安道尔	欧洲
毛里求斯	非洲	安哥拉	欧洲
博茨瓦纳	非洲	白俄罗斯	欧洲
布隆迪	非洲	保加利亚	欧洲
加纳	非洲	冰岛	欧洲
津巴布韦	非洲	波黑	欧洲
喀麦隆	非洲	黑山	欧洲

国别	分区	国别	分区
卡塔尔	非洲	捷克	欧洲
科特迪瓦	非洲	塞尔维亚	欧洲
肯尼亚	非洲	克罗地亚	欧洲
莱索托	非洲	立陶宛	欧洲
利比亚	非洲	罗马尼亚	欧洲
马里	非洲	马耳他	欧洲
毛里塔尼亚	非洲	圣马力诺	欧洲
摩纳哥	非洲	斯洛文尼亚	欧洲
莫桑比克	非洲	菲律宾	亚洲
纳米比亚	非洲	泰国	亚洲
尼日利亚	非洲	印度尼西亚	亚洲
塞内加尔	非洲	孟加拉国	亚洲
乌干达	非洲	越南	亚洲
加拿大	美洲	新加坡	亚洲
美国	美洲	马来西亚	亚洲
危地马拉	美洲	柬埔寨	亚洲
安提瓜	美洲	老挝	亚洲
巴拿马	美洲	缅甸	亚洲
波多黎各	美洲	尼泊尔	亚洲
牙买加	美洲	斯里兰卡	亚洲
多米尼加	美洲	文莱	亚洲
哥斯达黎加	美洲	韩国	亚洲
马里亚纳群岛	美洲	日本	亚洲
巴哈马	美洲	蒙古国	亚洲
墨西哥	美洲	印度	亚洲
巴西	美洲	巴基斯坦	亚洲
阿根廷	美洲	马尔代夫	亚洲
玻利维亚	美洲	阿拉伯联合酋长国	亚洲
厄瓜多尔	美洲	以色列	亚洲
秘鲁	美洲	土耳其	亚洲

续表

国别	分区	国别	分区
苏里南	美洲	沙特阿拉伯	亚洲
特立尼达	美洲	科威特	亚洲
委内瑞拉	美洲	塞浦路斯	亚洲
乌拉圭	美洲	阿曼苏丹	亚洲
智利	美洲	阿联酋	亚洲
法国	欧洲	阿曼	亚洲
荷兰	欧洲	巴林	亚洲
希腊	欧洲	黎巴嫩	亚洲
奥地利	欧洲	叙利亚	亚洲
西班牙	欧洲	伊拉克	亚洲
英国	欧洲	伊朗	亚洲
比利时	欧洲	约旦	亚洲
德国	欧洲	亚洲	亚洲
匈牙利	欧洲	阿富汗	亚洲
意大利	欧洲	阿塞拜疆	亚洲
丹麦	欧洲	格鲁吉亚	亚洲
俄罗斯	欧洲	哈萨克斯坦	亚洲
爱尔兰	欧洲	亚美尼亚	亚洲
欧洲	欧洲	中国	中国
芬兰	欧洲		

附录2

评论数据提炼关键词归属一览表

提炼关键词	维度	体验维度
地点	便利性	认知体验
地铁	便利性	认知体验
便利	便利性	认知体验
公交出租	便利性	认知体验
食材	餐饮	认知体验
食物	餐饮	认知体验
食物原料	餐饮	认知体验
味道	餐饮	认知体验
摆盘	餐饮	认知体验
数量	餐饮	认知体验
类型	餐饮	认知体验
特色	餐饮	认知体验
主菜	餐饮	认知体验
酒水	餐饮	认知体验
小吃	餐饮	认知体验
态度	服务	认知体验
店员	服务	认知体验
前台	服务	认知体验
等位	服务	认知体验
设备	服务	认知体验
接待	服务	认知体验

续表

提炼关键词	维度	体验维度
小店	规模	认知体验
酒楼	规模	认知体验
私人	规模	认知体验
连锁	规模	认知体验
咖啡店	规模	认知体验
宾馆	规模	认知体验
便宜	价格	认知体验
贵	价格	认知体验
价值	价格	认知体验
促销	价格	认知体验
家人	消费目的	认知体验
朋友	消费目的	认知体验
旅游	消费目的	认知体验
商务	消费目的	认知体验
情侣	消费目的	认知体验
聚会	消费目的	认知体验
回忆	消费目的	认知体验
尝试	消费目的	认知体验
时间	消费目的	认知体验
风景	主题	认知体验
空气	主题	认知体验
建筑	主题	认知体验
装修	主题	认知体验
氛围	主题	认知体验
家具	主题	认知体验
人气	主题	认知体验
米其林	主题	认知体验
等级	主题	认知体验
出名	主题	认知体验
怀旧	主题	认知体验

提炼关键词	维度	体验维度
历史	主题	认知体验
民族	主题	认知体验
素食	主题	认知体验
中式	主题	认知体验
文创	主题	认知体验
虚构	主题	认知体验
品牌	主题	认知体验
舒服	积极情绪	情感体验
满意	积极情绪	情感体验
喜欢	积极情绪	情感体验
兴奋	积极情绪	情感体验
愤怒	消极情绪	情感体验
失望	消极情绪	情感体验
遗憾	消极情绪	情感体验
不舒服	消极情绪	情感体验
平静	中性情绪	情感体验
期待	中性情绪	情感体验
接受	中性情绪	情感体验

附录3

抓取评论数据餐厅明细表

所在地	餐厅名称	所在地	餐厅名称
北京	京兆尹 King's Joy	南京	南京大牌档（德基广场店）
	雅苑中餐厅		西班牙精选餐厅
	黑芝麻厨房		泰姬玛哈印度料理（丰富路店）
	天宝阁中餐厅（北京瑞吉店）		本家韩国料理（金轮大厦店）
	鼎泰丰（APM 店）		民国红公馆（1912 店）
	京雅堂	天津	Pizza Bianca
	花马天堂北京店		狗不理
	小云南		百饺园
	四季民福烤鸭店（灯市口店）		Bene 意大利餐厅
	北京恒河印度餐厅		Pomodoro Italian Restaurant
	大理院子		羲和雅苑烤鸭坊
	一坐一忘丽江主题餐厅	广州	西蒙意式厨房
	外婆家（APM 店）		火车头法国西餐厅
	白家大院		托普卡皮土耳其烧烤餐厅
	全聚德烤鸭店（王府井店）		点都德——聚福楼
	韩香馆		Prego 意大利餐厅
	本杰比印度餐厅和文化中心		St Maxime 法国紫色餐厅
	安妮意大利餐厅（三里屯店）		阿苏克印度餐厅
	卡门西班牙餐厅		1920 德国餐吧（花城汇店）

所在地	餐厅名称	所在地	餐厅名称
厦门	墨西哥龙舌兰餐厅	广州	Cocina 科奇娜·南美创意料理
	萨穆阿拉伯餐厅		广州酒家（文昌总店）
	金橄榄希腊餐厅		Bosphorus Premium Turkish Restaurant
	鹿港小镇（滨北建业店）		稻菊日本料理
	黄则和花生汤店（中山路总店）		铂斯土耳其餐厅（珠江新城店）
成都	波提斯意大利餐厅	香港特别行政区	Chullschick
	麦可披萨		Tosca 意大利餐厅
	加德满都餐厅		Te Quiero Mucho
	陈麻婆豆腐（骡马市店）		Braza Churrascaria Brazilian Steak House
	蜀九香火锅酒楼（玉林店）		Ichu
	枣子树素餐馆		Caprice（中环店）
	Tivano 意大利餐厅		满福楼
	麦克若伊爱尔兰餐吧		Bistecca Italian Steak House
	龙抄手		口利福
	小谭豆花（西大街店）		Manakamana Nepali Restaurant
	成都担担面（人民中路店）		Bombay Dreams
上海	西蒙意式厨房		Tango Argentinian Steak House
	艾菲斯餐厅土耳其 & 地中海美食		Grissini 意大利餐厅（君悦酒店）
	Goodfellas 意大利餐厅		一点心
	Urban Thai		Chom Chom
	塔金摩洛哥餐厅		大班楼
	锡伯新疆餐厅		云海日本料理
	龙凤厅		伊斯兰中心餐厅
	上海花马天堂云南餐厅（高邮路店）		生记粥品专家
	新都里无二日本料理		胡同
	玛雅（四方新城店）		鼎点 1968
	Vedas 印度餐厅（常熟路店）		卅二公馆
	宝莱坞印度餐厅		沾仔记皇后大道店
	耶里夏丽新疆餐厅（南京东路店）		华姐清汤腩

续表

所在地	餐厅名称	所在地	餐厅名称
上海	龙门阵茶屋川菜馆	香港特别行政区	添好运点心专门店（深水埗店）
	上海新元素（南京西路店）		张保仔
	泰廊		夜上海（马哥孛罗香港酒店）
	鹤日本料理		Delaney's Irish Bar
	大蒜土耳其餐厅		米奇厨师餐厅
	上海姥姥		马来一菜馆
	上海香料艺术印度餐厅（大沽路店）		莲香居
	上海大马可意大利餐厅（旗舰店）		上海弄堂菜肉馄饨（中环店）
	上海夜上海（新天地店）		弥敦粥面家
	大蔬无界·上海外滩和美馆		心斋
福州	成隆行蟹王府	台北	马友友印度厨房
	艾比之路		巴雷巴雷印度餐厅
	BICE Restaurant 意大利餐厅		养心茶楼
	帕夏土耳其餐厅		拉拉熊咖啡厅
	丰汇唐韵茶楼		老牌牛肉拉面大王
	隐泉之语日式料理（桃江路店）		四海豆浆大王
	聚春园佛跳墙酒楼		京鼎小馆
	永和鱼丸（仙塔街店）		富宏牛肉面
	DUO 西班牙主题餐厅（盛美利亚酒店）		欣叶台菜–创始店
西安	Redfort 印度餐厅		上引水产
	恒河印度餐厅雁塔店		便所欢乐主题餐厅
	中国元素餐厅（西安威斯汀酒店）		小上海
	天下第一面（吉祥村店）		金峰卤肉饭
	樊记腊汁肉夹馍（竹笆市店）		杭州小笼汤包
	Isola del Nord 意大利餐厅		济南鲜汤包
	唐歌舞和饺子宴		林东芳牛肉面
	西安贾三灌汤包子馆（回民街店）		高记（永康店）
	印度料理新德里餐厅		故宫晶华

所在地	餐厅名称	所在地	餐厅名称
西安	"回民街"	澳门特别行政区	巴黎人法式餐厅
	Azur 地中海餐厅		帝雅廷意大利餐厅
	老西安韩记三鲜煮馍		皇雀印度餐厅
	西安德发长饺子馆（案板街店）		天巢法国餐厅
	南普陀素菜长安大排档		澳门旅游学院教学餐厅
	老西安饭庄		经典意大利餐厅
	大唐锦程		Mariazinha
	Biangbiang 面（新民街店）		葡国美食天地
	德发长饺子馆（钟鼓楼店）		澳门陆军俱乐部餐厅
	醉长安		葡多利
杭州	湖滨 28 餐厅		船屋葡国餐厅
	杭州外婆家马塍路店		阿根廷餐厅
	萨瓦迪泰国餐厅		法兰度餐厅
	桂语山房高级餐厅		山度士葡式餐厅
	杭州知味观·味庄（杨公堤店）		番茄屋葡式美食
	楼外楼（孤山路店）		澳门咖啡
昆明	萨尔瓦多咖啡		葡国美食
	滇越铁路主题餐厅——火车南站 1910		印度香料美食
	建新园（宝善街店）		澳门海景正宗葡国餐厅

附录 4　社会网络分析总图

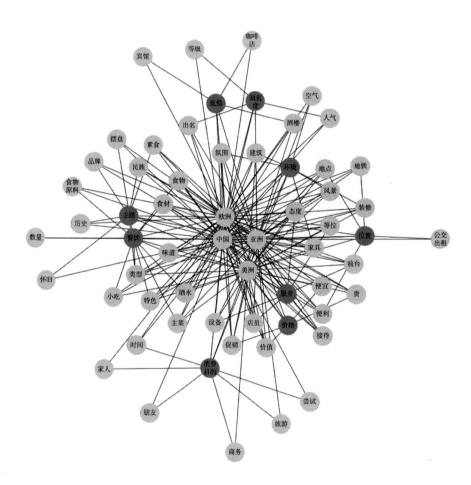

　　注：本附录分别为根据评论数据，筛选出积极情绪、中性情绪、消极情绪对应的关键词所形成的社会网络分析图，具体数据在文中有详细说明。

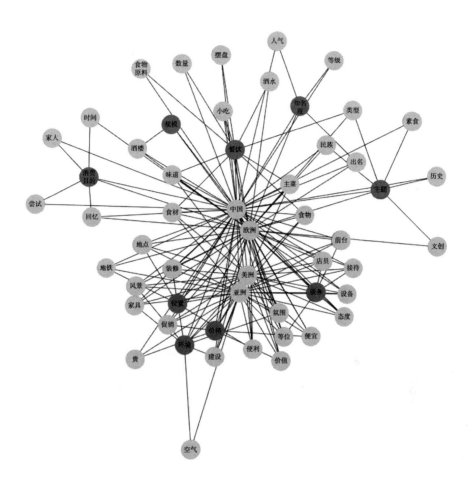

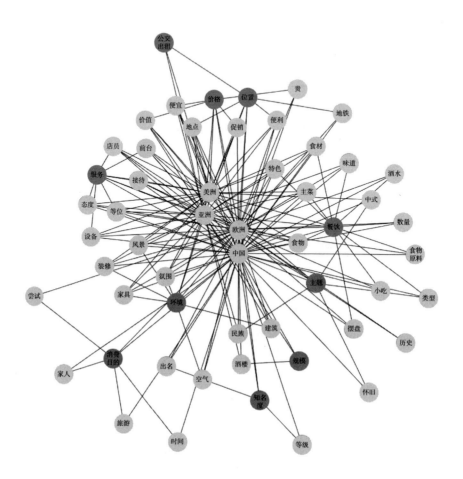

参 考 文 献

［1］蔡晓梅，朱竑，刘晨．顾客对情境主题餐厅表演的感知研究——以广州味道云南食府为例［J］．人文地理，2012，26（1）：119－126.

［2］崔健，朱小栋．O2O模式下消费体验度影响因素探究——以苹果体验店为例［J］．现代情报，2014，34（12）：55－59.

［3］［英］戴维·哈维．后现代的状况——对文化变迁之缘起的探究［M］．北京：商务印书馆，2003：254－255.

［4］邸鹏，李爱萍，段利国．基于转折句式的文本情感倾向性分析［J］．计算机工程与设计，2020，35（12）：4289－4295.

［5］方征．消费体验研究概览［J］．湖北教育学院学报，2007，24（7）：73－74.

［6］冯建英，穆维松，傅泽田．顾客的购买意愿研究综述［J］．现代管理科学，2006（11）7－9.

［7］胡峰．企业文化与企业文化整合的必要性［J］．环渤海经济瞭望，2003（4）：13－15.

［8］乐国安，董颖红．情绪的基本结构：争论、应用及其前瞻［J］．南开学报（哲学社会科学版），2013（1）：140－150.

［9］李凡．主题餐厅的顾客体验价值研究［D］．杭州：浙江大学，2006.

［10］李雪松，唐德荣，岳鹄．主题餐厅消费意愿及其影响因素研究－基于重庆市572位顾客查数据［J］．技术经济与管理研究，2010（2）：71－74.

［11］林江豪，阳爱民，周咏梅，陈锦，蔡泽键．一种基于朴素贝叶斯的微博情感分类［J］．计算工程与科学，2012，34（9）：160－165.

[12] 蔺璜，郭姝慧. 程度副词的特点范围与分类 [J]. 山西大学学报（哲学社会科学版），2003（2）：71 – 74.

[13] 刘彬，杜昀倩. 跨地方的"地道"：民族主题餐厅的原真性重构与感知研究 [J]. 美食研究，2020，37（3）：1 – 7.

[14] 刘林平，蒋和超，李潇晓. 规律与因果：大数据对社会科学研究冲击之反思——以社会学为例 [J]. 社会科学，2016（9）：67 – 80.

[15] 刘晓春. 布尔迪厄的"生活风格"论 [J]. 民俗研究，2017（4）：5 – 15.

[16] 刘逸，保继刚，朱毅玲. 基于大数据的旅游目的地情感评价方法探究 [J]. 地理研究，20，36（6）：1091 – 1105.

[17] 罗子明. 顾客心理学 [M]. 北京：清华大学出版社，2007：32 – 33.

[18] 孟小峰，慈祥. 大数据管理：概念，技术与挑战 [J]. 计算机研究与发展，2013，50（1）：146.

[19] 彭柯，胡蓉，朱庆华. 数字阅读平台的用户体验影响因素实证研究 [J]. 数字图书馆论坛 15（11）：2 – 10.

[20] [美] 乔治·里茨尔. 虚无的全球化 [M]. 上海：上海译文出版社，2006：159 – 160.

[21] 屈援，李安. 商业性体验与艺术性体验——基于满意度模型的电影消费体验探析 [J]. 南学报：哲学社会科学版，2015，37（4）：56 – 63.

[22] 邵腾伟，吕秀梅. 基于消费者主权的生鲜电商消费体验设置 [J]. 中国管理科学，2018，26：118 – 126.

[23] 陶文静. 厦门主题餐厅的文化氛围营造研究 [D]. 厦门：华侨大学，2014.

[24] 汪侠，甄峰，吴小根，等. 旅游开发的居民满意度驱动因素——以广西阳朔县为例 [J]. 地理研究，2010，29（5）：842 – 851.

[25] 王冬. 顾客体验对主题餐厅服务品牌权益的影响研究 [D]. 沈阳：东北大学，2010.

[26] 王建磊. 短视频消费体验的复杂感受及其影响因素 [J]. 新闻与传播评论，2021，74（3）：24 – 36

[27] 王克岭，董俊敏. 旅游需求新趋势的理论探索及其对旅游业转型升级的启示 [J]. 思想线，2020，46（2）：132 – 143.

［28］王克岭. 创新驱动下旅游发展的动能与路径［J］. 企业经济，2019，38（2）：5－12.

［29］韦福祥，韩经纶. 文化差异对顾客服务质量感知影响的实证研究［J］. 南开管理评论，3（3）：77－80.

［30］徐琳宏，林鸿飞，杨志豪. 基于语义理解的文本倾向性识别机制［J］. 中文信息学报，2007（1）：96－100.

［31］杨鼎，阳爱民. 一种基于情感词典和朴素贝叶斯的中文文本情感分类方法［J］. 计算机应用研究，2010，27（10）：3737－3739＋3743.

［32］杨青. 主题餐厅灯光设计的应用与研究［J］. 大众文艺：学术版，2014（7）：117－117.

［33］应舜. 精品酒店顾客感知意象研究［D］. 杭州：浙江大学，2019.

［34］张恩碧. 消费体验效用的主要影响因素和不确定性分析［J］. 消费经济，2009（6）：18－25.

［35］张红明. 消费体验的五维系统分类及应用［J］. 企业活力，2005（8）：18－19.

［36］张俊，王勇. 老字号品牌的刻板印象与顾客购买意愿的关系研究——基于顾客认知过程实证分析［J］. 河北经贸大学学报：综合版，2018，18（1）：50－57.

［37］张秀红. 基于体验的主题餐厅产品研究［D］. 天津：天津商业大学，2011.

［38］Aaker D A, Biel A L. Brand equity and advertising：An overview［M］. Hillsdale, NJ：Lawrence Erlbaum Associates，1993.

［39］Aaker D A. Building strong brands［M］. Simon and Schuster，2012.

［40］Aaker J L, Benet-Martinez V, Garolera J. Consumption symbols as carriers of culture：A study of Japanese and Spanish brand personality consticts［J］. Journal of Personality and Social Psychology，2001，81（3）：492.

［41］Aaker J L. The malleable self：The role of self-expression in persuasion［J］. Journal of Marketing Research，1999，36（1）：45－57.

［42］Ahani A, Nilashi M, Ibrahim O et al. Market segmentation and travel choice prediction in Spa hotels through TripAdvisor's online reviews［J］. International Journal of Hospitality Management，2019，80：52－77.

[43] Ajzen I, Fishbein M. A Bayesian analysis of attribution processes [J]. Psychological Bulletin, 1975, 82 (2): 261.

[44] Andaleeb S S, Conway C. Customer satisfaction in the restaurant industry: An examination of the transaction-specific model [J]. Journal of Services Marketing, 2006, 20 (1): 3 – 11.

[45] Andreassen T W, Lindestad B. Customer loyalty and complex services: The impact of corporate image on quality, customer satisfaction and loyalty for customers with varying degrees of service expertise [J]. International Journal of Service Industry Management, 1998, 9 (1): 7 – 23.

[46] Ang S H, Lim E A. The influence of metaphors and product type on brand personality perceptions and attitudes [J]. Journal of Advertising, 2006, 35 (2): 39 – 53.

[47] Ares G, Giménez A, Vidal L et al. Do we all perceive food-related wellbeing in the same way? Results from an exploratory cross-cultural study [J]. Food Quality and Preference, 2016, 52: 62 – 73.

[48] Asunción Beerli, Josefa D Martin. Tourists' characteristics and the perceived image of tourist destinations: A quantitative analysis-A case study of Lanzarote, Spain [J]. Tourism Management, 2004, 25 (5): 623 – 636.

[49] Asunciòn Beerli, Josefa D Martín. Factors influencing destination image [J]. Annals of Tourism Research, 2004, 31 (3): 657 – 681.

[50] Baek J S, Kang J K, Lee I. Business groups and tunneling: Evidence from private securities offerings by Korean chaebols [J]. The Journal of Finance, 2006, 61 (5): 2415 – 2449.

[51] Bagozzi R P, Gopinath M, Nyer P U et al. The role of emotions in marketing [J]. Journal of the Academy of Marketing Science, 1999, 27 (2): 184 – 206.

[52] Baker D A, Crompton J L. Quality, satisfaction and behavioral intentions [J]. Annals of Tourism Research, 2000, 27 (3): 785 – 804.

[53] Baloglu S, Brinberg D. Affective images of tourism destinations [J]. Journal of Travel Research, 1997, 35 (4): 11 – 15.

[54] Barnes S J, Mattsson J, Srensen F et al. Measuring employee-tourist

encounter experience value: A big data analytics approach [J]. Expert Systems with Applications, 2020 (9): 1 – 10.

[55] Bei L T, Chiao Y C. An integrated model for the effects of perceived product, perceived service quality, and perceived price fairness on consumer satisfaction and loyalty [J]. Journal of Consumer Satisfaction, Dissatisfaction and Complaining Behavior, 2001, 14: 125 – 140.

[56] Belk R W. Possessions and the extended self [J]. Journal of Consumer Research, 1988, 15 (2): 139 – 168.

[57] Bernd H. Schmitt, David L. Rogers. Handbook on Brand and Experience Management [M]. London: Edward Elgar Publishing: 2008 – 12 – 28.

[58] Berry L L, Carbone L P, Haeckel S H. Managing the total customer experience [J]. MIT Sloan Management Review, 2002, 43 (3): 85 – 89.

[59] Bessiere J, Tibere L. Traditional food and tourism: French tourist experience and food heritage in rural spaces [J]. Journal of the Science of Food and Agriculture, 2013, 93 (14): 3420 – 3425.

[60] Bessière J. Local development and heritage: Traditional food and cuisine as tourist attractions in rural areas [J]. Sociologia Ruralis, 1998, 38 (1): 21 – 34.

[61] Bitner M J. Servicescapes: The impact of physical surroundings on customers and employees. [J]. Journal of Marketing, 1992, 56 (2): 57 – 71.

[62] Blackwell R, D Souza C, Taghian M et al. Consumer behaviour: An Asia Pacific approach [M]. Thomson, 2006.

[63] Boldosova V. Telling stories that sell: The role of storytelling and big data analytics in smart service sales [J]. Industrial Marketing Management, 2019: 122 – 134.

[64] Bolton L E, Warlop L, Alba J W. Consumer perceptions of price (un) fairness [J]. Journal of Consumer Research, 2003, 29 (4): 474 – 491.

[65] Bo P, Lee L. Opinion Mining and Sentiment Analysis [J]. Foundations and Trendsc in Information Retrieval, 2008, 2 (1 – 2): 1 – 135.

[66] Bourdieu P. A social critique of the judgement of taste [J]. Traducido del francés por R. Nice. Londres, Routledge, 1984: 249 – 260.

［67］Brannen M Y. Constructing cultural consumption at Tokyo Disneyland ［M］//Re-made in Japan: Everyday life and consumer taste in a changing society. Yale University Press, New Haven, 1992.

［68］Brucks M. The effects of product class knowledge on information search behavior ［J］. Journal of Consumer Research, 1985, 12 (1): 1 – 16.

［69］Bigné J E, Mattila A S, Andreu L. The impact of experiential consumption cognitions and emotions on behavioral intentions ［J］. Journal of Services Marketing, 2008, 22 (4): 303 – 315.

［70］Cachero-Martínez S, Vázquez-Casielles R. Building consumer loyalty through e-shopping experiences: The mediating role of emotions ［J］. Journal of Retailing and Consumer Services, 2021, 60: 102481.

［71］Caruana A. Service Loyalty: The effects of service quality and the mediationg role of customer satisfaction ［J］. European Journal of Marketing, 2002, 36 (7/8): 811 – 828.

［72］Chang K. Effect of servicescape on customer behavioral intentions: Moderating roles of service climate and employee engagement ［J］. International Journal of Hospitality Management, 2016: 116 – 128.

［73］Chen C C, Lai Y H R, Petrick J F et al. Tourism between divided nations: An examination of stereotyping on destination image ［J］. Tourism Management, 2016, 55 (8): 25 – 36.

［74］Chen C F, Tsai D C. How destination image and evaluative factors affect behavioral intentions? ［J］. Tourism Management, 2007, 28 (4): 1115 – 1122.

［75］Chen H, Bernard S, Rahman I. Greenwashing in hotels: A structural model of trust and behavioral intentions ［J］. Journal of Cleaner Production, 2019, 206: 326 – 335.

［76］Chen Y G, Chen Z H, Ho J C, et al. In-depth tourism's influences on service innovation ［J］. International Journal of Culture, Tourism and Hospitality Research, 2009, 3 (4): 326 – 336.

［77］Choe J Y J, Kim S S. Effects of tourists' local food consumption value on attitude, food destination image, and behavioral intention ［J］. International Journal of Hospitality Management, 2018, 71: 1 – 10.

[78] Choi S, Lehto X Y, Morrison A M. Destination image representation on the web: Content analysis of Macau travel related websites [J]. Tourism Management, 2007, 28 (1): 118 – 129.

[79] Clarkson J J, Janiszewski C, Cinelli M D. The desire for consumption knowledge [J]. Journal of Consumer Research, 2013, 39 (6): 1313 – 1329.

[80] Clark T, Pugh D S. Foreign country priorities in the internationalization process: A measure and an exploratory test on British firms [J]. International Business Review, 2001, 10 (3): 285 – 303.

[81] Cristóbal Casanueva, Ángeles Gallego, María-Rosa García-Sánchez. Social network analysis in tourism [J]. Current Issues in Tourism, 2016, 19 (12): 1190 – 1209.

[82] Cronin J J. Retrospective: A cross-sectional test of the effect and conceptualization of service value revisited [J]. Journal of Services Marketing, 2016: 261 – 265.

[83] Csapó J. The role and importance of cultural tourism in modern tourism industry [J]. Strategies for Tourism Industry-Micro and Macro Perspectives, 2012: 201 – 232.

[84] Czernek-Marszałek K. Cooperation evaluation with the use of network analysis [J]. Annals of Tourism Research, 2018, 72: 126 – 139.

[85] Daphna Oyserman. High power, low power, and equality: Culture beyond individualism and collectivism [J]. Journal of Consumer Psychology, 2006, 16 (4): 352 – 356.

[86] Davenport T H, Harris J G. Competing on Analytics: The new science of winning [M]. Harvard Business School Press, 2007.

[87] Dean MacCannell. The Tourist: A new Theory of Leisure Class [M]. The tourist: A new theory of the leisure class. Schocken Books, 1976.

[88] Decrop Alain. Triangulation in qualitative tourism research [J]. Tourism Management, 1999, 20 (1): 157 – 161.

[89] De Keyser A, Verleye K, Lemon K N et al. Moving the customer experience field forward: introducing the touchpoints, context, qualities (TCQ) nomenclature [J]. Journal of Service Research, 2020, 23 (4): 433 – 455.

［90］Delen D, Zolbanin H M. The analytics paradigm in business research ［J］. Journal of Business Research, 2018, 90 (SEP): 186 – 195.

［91］Devlin J F. Evaluative cues and services: The effect of consumer knowledge ［J］. Journal of Marketing Management, 2011, 27 (13 – 14): 1366 – 1377.

［92］Diallo M F, Diop-Sall F, Djelassi S, et al. How shopping mall service quality affects customer loyalty across developing countries: The moderation of the cultural context ［J］. Journal of International Marketing, 2018, 26 (4): 69 – 84.

［93］DiGrazia, Mckelvey J, Bollen K, et al. Replication data for: More Tweets, More Votes: Social Media as a Quantitative Indicator of Political Behavior ［J］. 2013 (8) 70 – 79.

［94］Dodds W B, Monroe K B, Grewal D. Effects of price, brand, and store information on buyers' product evaluations ［J］. Journal of Marketing Research, 1991, 28 (3): 307 – 319.

［95］Dong P, Siu N Y. Servicescape elements, customer predispositions and service experience: The case of theme park visitors ［J］. Tourism Management, 2013: 541 – 551.

［96］Ebster C, Guist I. The role of authenticity in ethnic theme restaurants ［J］. Journal of Foodservice Business Research, 2005, 7 (2): 41 – 52.

［97］Edwin N Torres, Xiaoxiao Fu, Xinran Lehto. Examining key drivers of customer delight in a hotel experience: A cross-cultural perspective ［J］. International Journal of Hospitality Management, 2014, 36: 255 – 262.

［98］Elliot S, Papadopoulos N, Kim S S. An integrative model of place image: Exploring relationships between destination, product, and country images ［J］. Journal of Travel Research, 2011, 50 (5): 520 – 534.

［99］Fan A, Mattila A S, Zhao X. How does social distance impact customers' complaint intentions? A cross-cultural examination ［J］. International Journal of Hospitality Management, 2015, 47: 35 – 42.

［100］Fernandes T, Calamote A. Unfairness in consumer services: Outcomes of differential treatment of new and existing clients ［J］. Journal of Retailing and Consumer Services, 2016, 28: 36 – 44.

［101］Ferreira D A, Avila M G, De Faria M D. Corporate social responsibility and consumers' perception of price [J]. Social Responsibility Journal, 2010: 208 – 221.

[102] Finch J E. The impact of personal consumption values and beliefs on organic food purchase behavior [J]. Journal of Food Products Marketing, 2006, 11 (4): 63 – 76.

[103] Finch J E, Trombley C M, Rabas B J. The role of multiple consumption values in consumer cooperative patronage: An application of the theory of market choice behavior [J]. Journal of Marketing Management, 1998, 8 (1).

[104] Fishbein M, Jaccard J, Davidson A R et al. Predicting and understanding family planning behaviors [M] Understanding attitudes and predicting social behavior. Prentice Hall, 1980.

[105] Flemming Sørensen. The geographies of social networks and innovation in tourism [J]. Tourism Geographies, 2007, 9 (1): 22 – 48.

[106] Francesco Galati, Roberta Galati. Cross-country analysis of perception and emphasis of hotel attributes [J]. Tourism Management, 2019, 74: 24 – 42.

[107] Gao B, Li X, Liu S, et al. How power distance affects online hotel ratings: The positive moderating roles of hotel chain and reviewers' travel experience [J]. Tourism management, 2018, 65: 176 – 186.

[108] Gao W, Fan H, Li W et al. Crafting the customer experience in omnichannel contexts: The role of channel integration [J]. Journal of Business Research, 2021, 126: 12 – 22.

[109] Geetha M, Singha P, Sinha S. Relationship between customer sentiment and online customer ratings for hotels-An empirical analysis [J]. Tourism Management, 2017, 61: 43 – 54.

[110] González-Bailón S, Borge-Holthoefer J, Rivero A et al. The dynamics of protest recruitment through an online network [J]. Scientific Reports, 2011, 1 (1): 1 – 7.

[111] Goolaup S, Mossberg L. Exploring the concept of extraordinary related to food tourists' nature-based experience [J]. Scandinavian Journal of Hospitality and Tourism, 2016, 17 (1): 27 – 43.

[112] Grewal D, Krishnan R, Baker J et al. The effect of store name, brand

name and price discounts on consumers' evaluations and purchase intentions [J]. Journal of Retailing, 1998, 74 (3): 331 –352.

[113] Guan J. The attractiveness of local cuisine and its influence on Chinese domestic tourists' perceptions of destinations [J]. Hong Kong Polytechnic University, 2012.

[114] Guerrero L, Guàrdia M D, Xicola J et al. Consumer-driven definition of traditional food products and innovation in traditional foods. A qualitative cross-cultural study [J]. Appetite, 2009, 52 (2): 345 –354.

[115] Gummerus J. Value creation processes and value outcomes in marketing theory: strangers or siblings? [J]. Marketing Theory, 2013, 13 (1): 19 –46.

[116] Gursoy D, McCleary K W. Travelers' prior knowledge and its impact on their information search behavior [J]. Journal of Hospitality & Tourism Research, 2004, 28 (1): 66 –94.

[117] Gwinner K P, Gremler D D, Bitner M J et al. Relational benefits in services industries: The customer's perspective [J]. Journal of the Academy of Marketing Science, 1998, 26 (2): 101 –114.

[118] Ha J, Jang S C S. Perceived values, satisfaction, and behavioral intentions: The role of familiarity in Korean restaurants [J]. International Journal of Hospitality Management, 2010, 29 (1): 2 –13.

[119] Hall C M, Sharples L. The consumption of experiences or the experience of consumption? An introduction to the tourism of taste [M] //Food tourism around the world. Routledge, 2004: 1 –24.

[120] Halliday J. Chrysler brings out brand personalities with' 97 ads [J]. Advertising Age, 1996, 67 (40): 3 –4.

[121] Han H, Hyun S S. Impact of hotel-restaurant image and quality of physical-environment, service, and food on satisfaction and intention [J]. International Journal of Hospitality Management, 2017, 63: 82 –92.

[122] Hanks L, Line N D. The restaurant social servicescape: Establishing a nomological framework [J]. International Journal of Hospitality Management, 2018, 74: 13 –21.

[123] Hartline M D, Jones K C. Employee performance cues in a hotel

service environment: Influence on perceived service quality, value, and word-of-mouth intentions [J]. Journal of Business Research, 1996, 35 (3): 207 –215.

[124] Helgeson J G, Supphellen M. A conceptual and measurement comparison of self-congruity and brand personality: The impact of socially desirable responding [J]. International Journal of Market Research, 2004, 46 (2): 205 –233.

[125] He, W, Shen, Jiancheng et al. Gaining competitive intelligence from social media data Evidence from two largest retail chains in the world [J]. Industrial Management & Data Systems, 2015, 115 (9): 1622 –1636.

[126] Hieronimus F, Burmann C. Persönlichkeitsorientiertes markenmanagement [J]. Frankfurt am Main, 2003, 45 (3): 68 –73.

[127] Hirschman E C, Holbrook M B. Hedonic consumption: Emerging concepts, methods and propositions [J]. Journal of Marketing, 1982, 46 (3): 92 –101.

[128] Hofstede G. Culture' s consequences: International differences in work, related values [M]. Beverly Hills, C A: Sage, 1980.

[129] Hofstede G. Cultures &organizations: Software of the mind [M]. Berkshire, UK: McGraw-Hill, 1991.

[130] Hofstede G. Dimensionalizing cultures: The hofstede model in context. Online Readings in Psychology and Culture, 2011, 2 (1): 8.

[131] Hofstede G. Geert Hofstede cultural dimensions [J]. 2009.

[132] Holmlund M, van Vaerenbergh Y, Ciuchita R et al. Customer experience management in the age of big data analytics: A strategic framework [J]. Journal of Business Research, 2020 (8), 116: 356 –365.

[133] Hong S K, Kim J H, Jang H et al. The roles of categorization, affective image and constraints on destination choice: An application of the NMNL model [J]. Tourism Management, 2006, 27 (5): 750 –761.

[134] Hoyer W D, Kroschke M, Schmitt B et al. Transforming the customer experience through new technologies [J]. Journal of Interactive Marketing, 2020, 51: 57 –71.

[135] Hsu C L, Chen M C. Explaining consumer attitudes and purchase intentions toward organic food: Contributions from regulatory fit and consumer

characteristics [J]. Food Quality and Preference, 2014, 35: 6 – 13.

[136] Huang H C, Chang Y T, Yeh C Y et al. Promote the price promotion: The effects of price promotions on customer evaluations in coffee chain stores [J]. International Journal of Contemporary Hospitality Management, 2014, 26 (7): 1065 – 1082.

[137] Huang S, Hsu C H C. Effects of travel motivation, past experience, perceived constraint, and attitude on revisit intention [J]. Journal of Travel Research, 2009, 48 (1): 29 – 44.

[138] Huang S S, Crotts J. Relationships between Hofstede's cultural dimensions and tourist satisfaction: A cross-country cross-sample examination [J]. Tourism Management, 2019, 72: 232 – 241.

[139] Hung K, Petrick J F. The role of self-and functional congruity in cruising intentions [J]. Journal of Travel Research, 2011, 50 (1): 100 – 112.

[140] Hwang M, Hong J, Yang T et al. A study of how informal learning effects on creating a cultural industry [C] //Proceedings of redesigning pedagogy conference: Culture, knowledge and understanding, 2007: 28 – 30.

[141] Ignatov E, Smith S. Segmenting Canadian culinary tourists [J]. Current Issues in Tourism, 2006, 9 (3): 235 – 225.

[142] Im H H, Kim S S, Elliot S et al. Conceptualizing destination brand equity dimensions from a consumer-based brand equity perspective [J]. Journal of Travel & Tourism Marketing, 2012, 29 (4): 385 – 403.

[143] Jackson S. Successfully implementing total quality management tools within healthcare: What are the key actions? [J]. International Journal of Health Care Quality Assurance, 2001, 14 (4): 157 – 163.

[144] Jang S C S, Feng R. Temporal destination revisit intention: The effects of novelty seeking and satisfaction [J]. Tourism Management, 2007, 28 (2): 580 – 590.

[145] Jang S C S, Kim D H. Enhancing ethnic food acceptance and reducing perceived risk: The effects of personality traits, cultural familiarity, and menu framing [J]. International Journal of Hospitality Management, 2015, 47: 85 – 95.

[146] Jang S C S, Liu Y, Namkung Y. Effects of authentic atmospherics in

ethnic restaurants: Investigating Chinese restaurants [J]. International Journal of Contemporary Hospitality Management, 2011, 23 (5): 662 – 680.

[147] Jang Y, Ro H, Kim T H. Social servicescape: The impact of social factors on restaurant image and behavioral intentions [J]. International Journal of Hospitality & Tourism Administration, 2015, 16 (3): 290 – 309.

[148] Jani D, Han H. Personality, social comparison, consumption emotions, satisfaction, and behavioral intentions: How do these and other factors relate in a hotel setting? [J]. International Journal of Contemporary Hospitality Management, 2013, 25 (7): 970 – 993.

[149] Japutra A, Utami A F, Molinillo S et al. Influence of customer application experience and value in use on loyalty toward retailers [J]. Journal of Retailing and Consumer Services, 2021, 59: 102390.

[150] Jeong M, Haemoon O. Quality function development: An extended framework for service quality and customer satisfaction in the hospitality industry [J]. International Journal of Hospitality Management, 1998, 17 (4): 375 – 390.

[151] Jin N, Lee S, Huffman L. Impact of restaurant experience on brand image and customer loyalty: Moderating role of dining motivation [J]. Journal of Travel & Tourism Marketing, 2012, 29 (6): 532 – 551.

[152] Kahneman D, Knetsch J L, Thaler R H. Fairness and the assumptions of economics [J]. Journal of Business, 1986: S285 – S300.

[153] Kassarjian H H. Personality and consumer behavior: A review [J]. Journal of Marketing Research, 1971, 8 (4): 409 – 418.

[154] Kelley S W, Hoffman K D. An investigation of positive affect, prosocial behaviors and service quality [J]. Journal of Retailing, 1997, 73 (3): 407 – 427.

[155] Kim D, Magnini V P, Singal M et al. The effects of customers ' perceptions of brand personality in casual theme restaurants [J]. International Journal of Hospitality Management, 2011, 30 (2): 448 – 458.

[156] Kim H J, Park J, Kim M J et al. Does perceived restaurant food healthiness matter? Its influence on value, satisfaction and revisit intentions in restaurant operations in South Korea [J]. International Journal of Hospitality Management, 2013, 33: 397 – 405.

[157] Kim J H, Jang S C S. Determinants of authentic experiences: An extended Gilmore and Pine model for ethnic restaurants [J]. International Journal of Contemporary Hospitality Management, 2016, 28 (10): 2247 – 2266.

[158] Kim J H, Youn H, Rao Y. Customer responses to food-related attributes in ethnic restaurants [J]. International Journal of Hospitality Management, 2017, 61: 129 – 139.

[159] Kim K, Baker M A. The impacts of service provider name, ethnicity, and menu information on perceived authenticity and behaviors [J]. Cornell Hospitality Quarterly, 2017, 58 (3): 312 – 318.

[160] Kimm J. A fatal conjunction: Two laws, two cultures [M]. Federation Press, 2004.

[161] Kim M, Park M, Jeong D. The effects of customer satisfaction and switching barrier on customer loyalty in Korean mobile telecommunication services [J]. Telecommunications Policy, 2004, 28: 145 – 159.

[162] Kim S, Kim M, Agrusa J et al. Does a food-themed TV drama affect perceptions of national image and intention to visit a country? An empirical study of Korea TV drama [J]. Journal of Travel & Tourism Marketing, 2012, 29 (4): 313 – 326.

[163] Kim S S, Agrusa J, Chon K. The influence of a TV drama on visitors' perception: A cross-cultural study [J]. Journal of Travel & Tourism Marketing, 2014, 31 (4): 536 – 562.

[164] Kim W G, Moon Y J. Customers' cognitive, emotional, and actionable response to the servicescape: A test of the moderating effect of the restaurant type [J]. International Journal of Hospitality Management, 2009, 28 (1): 144 – 156.

[165] Kivela J, Crotts J C. Gastronomy tourism: A meaningful travel market segment [J]. Journal of Culinary Science & Technology, 2005, 4 (2 – 3): 39 – 55.

[166] Klamer A. Social, cultural and economic values of cultural goods [J]. Journal of Cultural Economics, 2003, 3 (3): 17 – 39

[167] Kleine III R E, Kleine S S, Kernan J B. Mundane consumption and the self: A social-identity perspective [J]. Journal of Consumer Psychology, 1993, 2 (3): 209 – 235.

[168] Klerck D, Sweeney J C. The effect of knowledge types on consumer-perceived risk and adoption of genetically modified foods [J]. Psychology & Marketing, 2007, 24 (2): 171 – 193.

[169] Kock F, Josiassen A, Assaf A G. Advancing destination image: The destination content model [J]. Annals of Tourism Research, 2016, 61: 28 – 44.

[170] Kogut B, Singh H. The effect of national culture on the choice of entry mode [J]. Journal of International Business Studies, 1988, 19: 411 – 432.

[171] Konuk F A. Price fairness, satisfaction, and trust as antecedents of purchase intentions towards organic food [J]. Journal of Consumer Behaviour, 2018, 17 (2): 141 – 148.

[172] Konuk F A. The influence of perceived food quality, price fairness, perceived value and satisfaction on customers' revisit and word-of-mouth intentions towards organic food restaurants [J]. Journal of Retailing and Consumer Services, 2019, 50: 103 – 110.

[173] Kotler P. Atmospherics as a Marketing Tool [J]. Journal of Retailing, 1974: 48 – 64.

[174] Kozak M. Comparative assessment of tourist satisfaction with destinations across two nationalities [J]. Tourism Management, 2001, 22 (4): 391 – 401.

[175] Kozinets R. Utopian enterprise: Articulating the meanings of star trek's culture of consumption [J]. Journal of Consumer Research, 2001, 28 (1): 67 – 67.

[176] Kressmann F, Sirgy M J, Herrmann A et al. Direct and indirect effects of self-image congruence on brand loyalty [J]. Journal of Business Research, 2006, 59 (9): 955 – 964.

[177] Kwon W, Lee M, Back K J. Exploring the underlying factors of customer value in restaurants: A machine learning approach [J]. International Journal of Hospitality Management, 2020, 91: 102643.

[178] Laroche M, Ueltschy L C, Abe S et al. Service quality perceptions and customer satisfaction: Evaluating the role of culture [J]. Journal of International Marketing, 2004, 12 (3): 58 – 85.

[179] Lee J G, Thorson E. The impact of celebrity-product incongruence on

the effectiveness of product endorsement [J]. Journal of Advertising Research, 2008, 48 (3): 433 –449.

[180] Lee K. Gender differences in Hong Kong adolescent consumers' green purchasing behavior [J]. Journal of Consumer Marketing, 2009, 26 (2): 87 –96.

[181] Lee S W, Lee G M, Huh J. An exploratory study on the influence of past Korean dinning experience on Korean food image and destination choice: Focusing on American students [J]. Hotel Management Studies, 2011, 20 (5): 201 –216.

[182] Lee T H. A structural model to examine how destination image, attitude, and motivation affect the future behavior of tourists [J]. Leisure Sciences, 2009, 31 (3): 215 –236.

[183] Lee Y, Kim S, Seock Y K et al. Tourists' attitudes towards textiles and apparel-related cultural products: A cross-cultural marketing study [J]. Tourism Management, 2009, 30 (5): 724 –732.

[184] Lego C K, Wodo N T, Mcfee S L et al. A Thirst for the real thing in themed retail environments: Consuming authenticity in Irish pubs [J]. Journal of Food Service Business Research, 2002, 5 (2): 61 –74.

[185] Leisen B. Image segmentation: The case of a tourism destination [J]. Journal of Services Marketing, 2001, 15 (1): 49 –66.

[186] Leung G, Lee R, Cheng K et al. System and method for facilitating electronic financial transactions using a mobile telecommunication device, U. S. Patent 7, 379, 920 [P]. 2008 –05 –27.

[187] Liljander V, Mattsson J. Impact of customer preconsumption mood on the evaluation of employee behavior in service encounters [J]. Psychology & Marketing, 2002, 19 (10): 837 –860.

[188] Liljander V, Strandvik T. Emotions in service satisfaction [J]. International Journal of service industry management, 1997, 8 (2): 148 –169.

[189] Line N D, Hanks L, Kim W G. Hedonic adaptation and satiation: Understanding switching behavior in the restaurant industry [J]. International Journal of Hospitality Management, 2016, 52: 143 –153.

[190] Lin Hsin-Hui, Wang Yi-Shun. An examination of the determinants of

customer loyalty in mobile commerce contexts [J]. Information & Management, 2006, 43 (3): 271 – 282.

[191] Lin I Y, Mattila A S. Restaurant servicescape, service encounter, and perceived congruency on customers' emotions and satisfaction [J]. Journal of Hospitality Marketing & Management, 2010, 19 (8): 819 – 841.

[192] Liu B, Huang S S, Fu H. An application of network analysis on tourist attractions: The case of Xinjiang, China [J]. Tourism Management, 2017, 58: 132 – 141.

[193] Liu Y, Jang S C S. Perceptions of Chinese restaurants in the US: What affects customer satisfaction and behavioral intentions? [J]. International Journal of Hospitality Management, 2009, 28 (3): 338 – 348.

[194] Lu L, Chi C G. An examination of the perceived value of organic dining [J]. International Journal of Contemporary Hospitality Management, 2018, 30 (8): 2826 – 2844.

[195] Lu S, Fine G A. The Presentation of ethnic authenticity: Chinese food as a social accomplishment [J]. Sociological Quarterly, 1995, 36 (3): 535 – 553.

[196] MacInnis D J, Price L L. The role of imagery in information processing: Review and extensions [J]. Journal of consumer research, 1987, 13 (4): 473 – 491.

[197] Magnini V P, Baker M, Karande K. The frontline provider' s appearance: A driver of guest perceptions [J]. Cornell Hospitality Quarterly, 2013, 54 (4): 396 – 405.

[198] Magnini V P, Crotts J C, Zehrer A. Understanding customer delight: An application of travel blog analysis [J]. Journal of Travel Research, 2011, 50 (5): 535 – 545.

[199] Mak A H N, Lumbers M, Eves A et al. Factors influencing tourist food consumption [J]. International Journal of Hospitality Management, 2012, 31 (3): 928 – 936.

[200] Malhotra N K. Self concept and product choice: An integrated perspective [J]. Journal of Economic Psychology, 1988, 9 (1): 1 – 28.

[201] Martin Reimann, Ulrich F. Lünemann, Richard B. Chase. Uncertainty

avoidance as a moderator of the relationship between perceived service quality and customer satisfaction [J]. Journal of Service Research, 2008, 11 (1): 67 – 73.

[202] Martín-Consuegra D, Molina A, Esteban Á. An integrated model of price, satisfaction and loyalty: An empirical analysis in the service sector [J]. Journal of Product & Brand Management, 2007, 16 (7): 459 – 468.

[203] Matsuoka K. Effects of revenue management on perceived value, customer satisfaction, and customer loyalty [J]. Journal of Business Research, 2022, 148: 131 – 148.

[204] Mattila A S, Wirtz J. Congruency of scent and music as a driver of in-store evaluations and behavior [J]. Journal of Retailing, 2001, 77 (2): 273 – 289.

[205] Mattila A S, Wirtz J. The role of store environmental stimulation and social factors on impulse purchasing [J]. Journal of Services Marketing, 2008, 22 (7): 562 – 567.

[206] Matusitz J, Lord L. Localization or grobalization of Wal-Mart in the US? A qualitative analysis [J]. Journal of Organisational Transformation & Social Change, 2013, 10 (1): 81 – 100.

[207] Mayr T, Zins A H. Extensions on the conceptualization of customer perceived value: Insights from the airline industry [J]. International Journal of Culture, Tourism and Hospitality Research, 2012, 6 (4): 356 – 376.

[208] McDougall G H G, Levesque T. Customer Satisfaction with services: Putting perceived value into the equation [J]. Journal of Services Marketing, 2000, 14 (5): 392 – 410.

[209] McKercher B, Chow So-Ming B. Cultural distance and participation in cultural tourism [J]. Pacific Tourism Review, 2001, 5 (1 – 2): 23 – 32.

[210] Mehrabian A, Russell J A. An approach to environmental psychology [M]. the MIT Press, 1974.

[211] Meng B, Choi K. Theme restaurants' servicescape in developing quality of life: The moderating effect of perceived authenticity [J]. International Journal of Hospitality Management, 2017: 89 – 99.

[212] Miao L, Mattila A S. The impact of other customers on customer experiences: A psychological distance perspective [J]. Journal of Hospitality &

Tourism Research, 2013, 37 (1): 77 –99.

[213] Mittal B, Ratchford B, Prabhakar P. Functional and expressive attributes as determinants of brand-attitude [J]. Research in Marketing, 1990, 10: 135 –155.

[214] Molinillo S, Aguilar-Illescas R, Anaya-Sánchez R et al. The customer retail app experience: Implications for customer loyalty [J]. Journal of Retailing and Consumer Services, 2022, 65.

[215] Molinillo S, Navarro-García A, Anaya-Sánchez R et al. The impact of affective and cognitive app experiences on loyalty towards retailers [J]. Journal of Retailing and Consumer Services, 2020, 54.

[216] Mortenson M J, Doherty N F, Robinson S. Operational research from Taylorism to Terabytes: A research agenda for the analytics age [J]. European Journal of Operational Research, 2015, 241 (3): 583 –595.

[217] Munsters W, Freund de Klumbis D. Culture as a component of the hospitality product—ScienceDirect [J]. International Cultural Tourism, 2005, 7 (1): 26 –39.

[218] Muñoz C L, Wood N T. A recipe for success: Understanding regional perceptions of authenticity in themed restaurants [J]. International Journal of Culture, Tourism and Hospitality Research, 2009, 3 (3): 269 –280.

[219] Murase H, Bojanic D C. An Examination of the Differences in Restaurant Brand Personality Across Cultures [J]. Journal of Hospitality & Leisure Marketing, 2004 (8): 97 –113.

[220] Nahapiet J, Ghoshal S. Social capital, intellectual capital, and the organizational advantage [J]. Academy of Management Review, 1998, 23 (2): 242 –266.

[221] Namin A. Revisiting customers' perception of service quality in fast-food restaurants [J]. Journal of Retailing and Consumer Services, 2017, 34: 70 –81.

[222] Namkung Y, Jang S C. Does food quality really matter in restaurants? Its impact on customer satisfaction and behavioral intentions [J]. Journal of Hospitality & Tourism Research, 2007, 31 (3): 387 –409.

[223] Ndubisi N O, Malhotra N K, Ulas D et al. Examining uncertainty

avoidance, relationship quality, and customer loyalty in two cultures [J]. Journal of International Consumer Marketing, 2012, 24 (5): 320 – 337.

[224] Nilsson E, Ballantyne D. Reexamining the place of servicescape in marketing: A service-dominant logic perspective [J]. Journal of Services Marketing, 2014, 28 (5): 374 – 379.

[225] Novak T P, Hoffman D L, Yung Y F. Measuring the customer experience in online environments: A structural modeling approach [J]. Marketing Science, 2000, 19 (1): 22 – 42.

[226] Noyan F, Şimşek G G. The antecedents of customer loyalty [J]. Procedia-Social and Behavioral Sciences, 2014, 109: 1220 – 1224.

[227] Ogilvy D. Ogilvy on advertising David Ogilvy [J]. A Division of Random House New York, 1985.

[228] Oh H. Service quality, customer satisfaction, and customer value: A holistic perspective [J]. International Journal of Hospitality Management, 1999, 18 (1): 67 – 82.

[229] Oh H. The effect of brand class, brand awareness, and price on customer value and behavioral intentions [J]. Journal of Hospitality & Tourism Research, 2000, 24 (2): 136 – 162.

[230] Oliver P. Rewards and punishments as selective incentives for collective action: The oretical investigations [J]. American Journal of Sociology, 1980, 85 (6): 1356 – 1375.

[231] Oliver, R. L., Satisfaction: A Behavioral Perspective on the Consumer [M]. New York: Irwin/McGraw-Hill, 1997.

[232] Osgood C E, Tannenbaum P H. The principle of congruity in the prediction of attitude change [J]. Psychological Review, 1955, 62 (1): 42.

[233] Ouellette J A, Wood W. Habit and intention in everyday life: The multiple processes by which past behavior predicts future behavior [J]. Psychological Bulletin, 1998, 124 (1): 54.

[234] Pak A, Paroubek P. Twitter as a corpus for sentiment analysis and opinion mining [C]. LREc. 2010, 10: 1320 – 1326.

[235] Panagiotis Stamolampros, Nikolaos Korfiatis, Panos Kourouthanassis,

Efthymia Symitsi. Flying to quality: Cultural influences on online reviews [J]. Journal of Travel Research, 2019, 58 (3): 496 –511.

[236] Pan S, Lee J, Tsai H. Travel photos: Motivations, image dimensions, and affective qualities of places [J]. Tourism Management, 2014, 40: 59 –69.

[237] Parasuraman A, Zeithaml V A, Berry L. SERVQUAL: A multiple-item scale for measuring consumer perceptions of service quality [J]. Journal of Retailing, 1988, 64 (1): 12 –40.

[238] Park E, Jang Y, Kim J et al. Determinants of customer satisfaction with airline services: An analysis of customer feedback big data [J]. Journal of Retailing and Consumer Services, 2019, 51: 186 –190.

[239] Parkinson J, Russell-Bennett R, Previte J. Challenging the planned behavior approach in social marketing: Emotion and experience matter [J]. European Journal of Marketing, 2018, 52: 837 –865.

[240] Patterson P G, Spreng R A. Modelling the Relationship between Perceived Value, Satisfaction and Repurchase Intentions in a Business-to-business, Services Context: An Empirical Examination [J]. International Journal of Service Industry Management, 1997, 8 (5): 414 –434.

[241] Perrea T, Grunert K G, Krystallis A. Consumer value perceptions of food products from emerging processing technologies: A cross-cultural exploration [J]. Food Quality and Preference, 2015, 39: 95 –108.

[242] Phillips W M J, Asperin A, Wolfe K. Investigating the effect of country image and subjective knowledge on attitudes and behaviors: US Upper Midwesterners' intentions to consume Korean Food and visit Korea [J]. International Journal of Hospitality Management, 2013, 32: 49 –58.

[243] Pike S. Destination image analysis—A review of 142 papers from 1973 to 2000 [J]. Tourism Management, 2002, 23 (5): 541 –549.

[244] Pizam A, Jeong G H. Cross-cultural tourist behavior: Perceptions of Korean tour-guides [J]. Tourism Management, 1996, 17 (4): 277 –286.

[245] Prebensen N K. Exploring tourists' images of a distant destination [J]. Tourism Management, 2007, 28 (3): 747 –756.

[246] Previte J, Russell-Bennett R, Mulcahy R et al. The role of emotional

value for reading and giving eWOM in altruistic services [J]. Journal of Business Research, 2019, 99: 157 – 166.

[247] Puspita O D. Physical Evidence of Small Theme Restaurant in Indonesia: A Case Study of Ramen House [J]. Procedia-Social and Behavioral Sciences, 2015 (1): 289 – 295.

[248] Qin H, Prybutok V R, Zhao Q. Perceived service quality in fast-food restaurants: Empirical evidence from China [J]. International Journal of Quality & Reliability Management, 2010, 27 (4): 424 – 437.

[249] Qiuju Luo, Dixi Zhong. Using social network analysis to explain communication characteristics of travel-related electronic word-of-mouth on social networking sites [J]. Tourism Management, 2015, 46: 274 – 282.

[250] Raajpoot N A. TANGSERV: A multiple item scale for measuring tangible quality in foodservice industry [J]. Journal of Foodservice Business Research, 2002, 5 (2): 109 – 127.

[251] Ralf Buckley, Carl Cater. SHENGTAI LUYOU: Cross-cultural comparison in ecotourism [J]. Annals of Tourism Research, 2008, 35 (4): 945 – 968.

[252] Ramanathan R, Di Y, Ramanathan U. Moderating roles of customer characteristics on the link between service factors and satisfaction in a buffet restaurant [J]. Benchmarking: An International Journal, 2016, 23 (2): 469 – 486.

[253] R. Bruce Money, John C Crotts. The effect of uncertainty avoidance on information search, planning, and purchases of international travel vacations [J]. Tourism Management, 2003, 24 (2): 191 – 202.

[254] Reisinger Y, Turner L. Cross-cultural differences in tourism: Indonesian tourists in Australia [J]. Tourism Management, 1997, 18 (3): 139 – 147.

[255] Reisinger Y, Turner L. Structural equation modeling with lisrel: Application in tourism [J]. Tourism Management, 1999, 20 (1): 71 – 88.

[256] Reuland R, Choudry J, Fagel A. Research in the field of hospitality [J]. International Journal of Hospitality Management, 1985, 4 (4): 141 – 146.

[257] Richardson S L, Crompton J L. Cultural variations in perceptions of vacation attributes [J]. Tourism Management, 1988, 9 (2): 128 – 136.

[258] Robertson R. Localization: Time-space and homogeneity-heterogeneity

[J]. Global modernities, 1995, 2 (1): 25 – 44.

[259] Rosario Gonzalez-Rodriguez M, Martinez-Torres R, Toral S. Post-visit and pre-visit tourist destination image through eWOM sentiment analysis and perceived helpfulness [J]. International Journal of Contemporary Hospitality Management, 2016, 28 (11): 2609 – 2627.

[260] Rosenbaum M S, Massiah C. An expanded servicescape perspective [J]. Journal of Service Management, 2011, 22 (4): 471 – 490.

[261] Russell J A, Pratt G. A description of the affective quality attributed to environments. [J]. Journal of Personality & Social Psychology, 1980, 38 (2): 311 – 322.

[262] Ryu K, Han H, Kim T H. The relationships among overall quick-casual restaurant image, perceived value, customer satisfaction, and behavioral intentions [J]. International Journal of Hospitality Management, 2008, 27 (3): 459 – 469.

[263] Ryu K, Han H. Predicting tourists' intention to try local cuisine using a modified theory of reasoned action: The case of New Orleans [J]. Journal of Travel & Tourism Marketing, 2010, 27 (5): 491 – 506.

[264] Saif H, He Y, Alani H. Semantic sentiment analysis of Twitter [C] // Proceedings of the 11th international conference on the Semantic Web-Volume Part I. Springer Berlin Heidelberg, 2012: 508 – 524.

[265] Salamone F A. Authenticity in tourism: The San Angel Inns [J]. Annals of Tourism Research, 1997, 24 (2): 305 – 321.

[266] Sanchez J, Callarisa L, Rodriguez R M et al. Perceived value of the purchase of a tourism product [J]. Tourism Management, 2006, 27 (3): 394 – 409.

[267] Schmunk S, Höpken W, Fuchs M et al. Sentiment analysis: Extracting decision-relevant knowledge from UGC [C] //Information and communication technologies in tourism 2014: Proceedings of the International Conference in Dublin, Ireland, January 21 – 24, 2014. Springer International Publishing, 2013: 253 – 265.

[268] Schwarz N, Clore G L. Mood, misattribution, and judgments of wellbeing: Informative and directive functions of affective states [J]. Pers. Soc.

Psychol. 1983, 45, 513 – 523.

[269] Seock Y K, Lin C. Cultural influence on loyalty tendency and evaluation of retail store attributes: An analysis of Taiwanese and American consumers [J]. International Journal of Retail & Distribution Management, 2011, 39 (2): 94 – 113.

[270] Shenkar O. Cultural distance revisited: Towards a more rigorous conceptualization and measurement of cultural differences [J]. Journal of International Business Studies, 2001, 32 (3): 519 – 535.

[271] Sheth J N, Newman B I, Gross B L. Why we buy what we buy: A theory of consumption values [J]. Journal of Business Research, 1991, 22 (2): 159 – 170.

[272] Sidali K L, Hemmerling S. Developing an authenticity model of traditional food specialties: Does the self-concept of consumers matter? [J]. British Food Journal, 2014.

[273] Silkes C A, Cai L A, Lehto X Y. Marketing to the culinary tourist [J]. Journal of Travel & Tourism Marketing, 2013, 30 (4): 335 – 349.

[274] Silvia Sussmann et al. A cross-cultural analysis of English and French Canadian's vacation travel patterns [J]. International Journal of Hospitality Management, 1997, 16 (2): 191 – 208.

[275] Sirgy M J. Self-concept in consumer behavior: A critical review [J]. Journal of Consumer Research, 1982, 9 (3): 287 – 300.

[276] Sirgy M J, Su C. Destination image, self-congruity, and travel behavior: Toward an integrative model [J]. Journal of Travel Research, 2000, 38 (4): 340 – 352.

[277] Smith P C, Curnow R. "Arousal hypothesis" and the effects of music on purchasing behavior. [J]. Journal of Applied Psychology, 1966, 50 (3): 255 – 256.

[278] Song H, van Phan B, Kim J et al. The congruity between social factors and theme of ethnic restaurant: Its impact on customer's perceived authenticity and behavioral intentions [J]. Journal of Hospitality and Tourism Management, 2019: 11 – 20.

[279] Soulard J, McGehee N G, Stern M. Transformative tourism organizations and localization [J]. Annals of Tourism Research, 2019, 76: 91 – 104.

[280] Spradley J P, Phillips M. Culture and Stress: A Quantitative Analysis 1 [J]. American Anthropologist, 1972, 74 (3): 518 – 529.

[281] Sukalakamala P, Boyce J B. Customer perceptions for expectations and acceptance of an authentic dining experience in Thai restaurants [J]. Journal of Foodservice, 2007, 18 (2): 69 – 75.

[282] Sulek J M, Hensley R L. The relative importance of food, atmosphere, and fairness of wait: The case of a full-service restaurant [J]. Cornell Hotel and Restaurant Administration Quarterly, 2004, 45 (3): 235 – 247.

[283] Sweeney J C, Soutar G N. Consumer perceived value: The development of a multiple item scale [J]. Journal of Retailing, 2001, 77 (2): 203 – 220.

[284] Taylor S A, Baker T L. An Assessment of the relationship between service quality and customer satisfaction in the formation of consumers' purchase intention [J]. Journal of Retailing, 1994, 70 (2): 163 – 178.

[285] Teas R K, Agarwal S. The effects of extrinsic product cues on consumers' perceptions of quality, sacrifice, and value [J]. Journal of the Academy of Marketing Science, 2000, 28 (2): 278 – 290.

[286] Tihanyi L, Russell G C J. The effect of cultural distance on entry mode choice, international diversification, and MNE performance: A meta-analysis [J]. Journal of International Business Studies, 2005, 36 (3): 270 – 283.

[287] Tsai C, Lu P. Authentic dining experiences in ethnic theme restaurants [J]. International Journal of Hospitality Management, 2012, 31 (1): 304 – 306.

[288] Tsaur S H, Lin C T, Wu C S. Cultural differences of service quality and behavioral intention in tourist hotels [J]. Journal of Hospitality & Leisure Marketing, 2005, 13 (1): 41 – 63.

[289] Turley L W, Milliman R E. Atmospheric effects on shopping behavior: A review of the experimental evidencev [J]. Journal of Business Research, 2000, 49 (2): 193 – 211.

[290] Tyrväinen L, Uusitalo M, Silvennoinen H et al. Towards sustainable growth in nature-based tourism destinations: Clients' views of land use options in

Finnish Lapland [J]. Landscape and Urban Planning, 2014, 122: 1 – 15.

[291] Um Seoho, Crompton John L. Attitude determinants in tourism destination choice [J]. Pergamon, 1990, 17 (3): 432 – 448.

[292] Valdivia A, Luzon M V, Herrera F. Sentiment Analysis in TripAdvisor [J]. IEEE Intelligent Systems, 2017, 32 (4): 72 – 77.

[293] Van der Hoeven A, Hitters E. The social and cultural values of live music: Sustaining urban live music ecologies [J]. Cities, 2019, 90: 263 – 271.

[294] Van Rijswijk W, Frewer L J, Menozzi D et al. Consumer perceptions of traceability: A cross-national comparison of the associated benefits [J]. Food Quality and Preference, 2008, 19 (5): 452 – 464.

[295] Wang C Y, Mattila A S. The impact of servicescape cues on consumer prepurchase authenticity assessment and patronage intentions to ethnic restaurants [J]. Journal of Hospitality & Tourism Research, 2015, 39 (3): 346 – 372.

[296] Wang E S T. The influence of visual packaging design on perceived food product quality, value, and brand preference [J]. International Journal of Retail & Distribution Management, 2013, 41 (10): 805 – 816.

[297] West J, Graham J L. A linguistic-based measure of cultural distance and its relationship to managerial values [J]. MIR: Management International Review, 2004: 239 – 260.

[298] Williams L T, Germov J, Fuller S et al. A taste of ethical consumption at a slow food festival [J]. Appetite, 2015, 91: 321 – 328.

[299] Williams P, Soutar G N. Value, satisfaction and behavioral intentions in an adventure tourism context [J]. Annals of Tourism Research, 2009, 36 (3): 413 – 438.

[300] Wood N T, Munoz C L. "No rules, just right" or is it? The role of themed restaurants as cultural ambassadors. [J]. Tourism and Hospitality Research, 2007: 242 – 255.

[301] Woodruff R B. Customer value: The next source for competitive advantage [J]. Journal of the Academy of Marketing Science, 1997, 25 (2): 139 – 153.

[302] Wu L, Han R, Mattila A S. A double whammy effect of ethnicity and gender on consumer responses to management level service failures [J]. Journal of

Service Management, 2016, 27 (3): 339 - 359.

[303] Xia L, Monroe K B, Cox J L. The price is unfair! A conceptual framework of price fairness perceptions [J]. Journal of Marketing, 2004, 68 (4): 1 - 15.

[304] Ye Q, Zhang Z, Law R. Sentiment classification of online reviews to travel destinations by supervised machine learning approaches [M]. Pergamon Press, Inc. 2009.

[305] Yu Y T, Dean A. The contribution of emotional satisfaction to consumer loyalty [J]. International Journal of Service Industry Management, 2001, 12 (3): 234 - 250.

[306] Yvette Reisinger, Lindsay Turner. Cross-cultural differences in tourism: A strategy for tourism marketers [J]. Journal of Travel & Tourism Marketing, 1998, 7 (4): 79 - 106.

[307] Zainuddin N, Previte J, Russell-Bennett R. A social marketing approach to value creation in a well-women's health service [J]. Journal of Marketing Management, 2011, 27 (3 - 4): 361 - 385.

[308] Zanjani S H A, Diamond W D, Chan K. Does ad-context congruity help surfers and information seekers remember ads in cluttered e-magazines? [J]. Journal of Advertising, 2011, 40 (4): 67 - 84.

[309] Zentes J, Morschett D, Schramm-Klein H. Brand personality of retailers—An analysis of its applicability and its effect on store loyalty [J]. The International Review of Retail, Distribution and Consumer Research, 2008, 18 (2): 167 - 184.

[310] Zhang S S, van Doorn J, Leeflang P S H. Does the importance of value, brand and relationship equity for customer loyalty differ between Eastern and Western cultures? [J]. International Business Review, 2014, 23 (1): 284 - 292.

[311] Zhao Y, Xu X, Wang M. Predicting overall customer satisfaction: Big data evidence from hotel online textual reviews [J]. International Journal of Hospitality Management, 2019, 76: 111 - 121.

[312] Zhou L, Ye S, Pearce P L et al. Refreshing hotel satisfaction studies by reconfiguring customer review data [J]. International Journal of Hospitality Management, 2014, 38: 1 - 10.

后　记

撰写本书的过程，对我来说痛并快乐着。

人到中年，事业、学业、家庭的压力都很大，从八年前鼓起勇气开始考博，我就清楚以后将要面临的困难肯定很多，但现实还是远远超出了自己的预想。入学时告别学生身份已经多年，精力大不如前，学习时间稍长就容易头疼失眠；工作单位面临机构整合和专业调整，繁重的任务时常让人筋疲力尽；孩子快要上高中了，学业的压力也越来越大；导师的要求十分严格，自己的基础又比较薄弱，时常跟不上进度要求……曾经有那么几次，我觉得快撑不下去了。但幸运的是，在家人和朋友的帮助鼓励下，我终于坚持了下来，完成了博士阶段的学习，直至今天在键盘上敲下这段文字。这份人生作业，总算是交出来了。

在这里，首先感谢云南财经大学的张灿老师与我共同完成本书的写作。七年时间，"古路无行客，寒山独见君"，困难时彼此扶持陪伴，幸遇良友，一路同行。感谢克芳教授、王晶老师、娅雯教授，戴璟教授在工作和生活上对我给予的帮助和支持，岁月流转，友谊恒久。感谢胜春和启宇在学术上不厌其烦地为我引路，耐心解答我的问题和疑虑，是良师也是挚友，无以为报，只能以诚相待，以理相和，以心相交。

感谢锦宜为我带来无尽的爱和希望，你永远是我最珍贵的部分！感谢何阳先生，很多次因为压力太大，忍不住向你抱怨、发牢骚，你都鼓励我要坚持做正确的事、应该做的事，提醒我注意休息，是家庭的温暖给了我勇气和毅力！感谢如岗先生，如果没有您一路以来给我的教导、关怀和帮助，我不可能一步步实现自己的人生价值！最重要的，感谢父母给我生命！全凭家人的支持和鼓励，我才能坚持到今天。

感谢云南财经大学提供了良好的科研和教学环境，感谢领导和同事的支持和理解，让我们能够静心完成本书的写作。还要感谢云南财经大学研究生米文瑶和贺雅菲，认真完成了本书的校对工作。

在书稿的研究和写作过程中，参考了大量相关领域的文献资料，这些文献资料的研究成果对这本专著的撰写起到了至关重要的作用，在此，向各位作者表示诚挚的谢意。

当然，还要感谢本书的编辑老师。最后，书稿虽经多次修改，但仍有许多欠缺和不足，衷心希望各位读者提出宝贵意见。

李婷

2024 年 2 月 27 日